El llibre de la Marató

Vuit relats contra les malalties mentals greus

Najat El Hachmi
Piti Español
Martí Gironell
Gemma Lienas
Carme Riera
Maria Mercè Roca
Sílvia Soler
Matthew Tree

El llibre de la Marató

Vuit relats contra les malalties mentals greus

Preàmbul de Mònica Terribas
Introducció de Walter Riso

Columna

3

Fundació
La Marató de TV3

Primera edició: novembre del 2008

Llibre realitzat amb llicència de Televisió de Catalunya, S. A.

Coordinació TVC: Xavier Abad, Elena Goixens i Josefina Vallhonesta

Carrer Peu de la Creu, 4 - 08001 Barcelona

Fotocomposició: Víctor Igual, S. L.
Carrer Peu de la Creu, 5-9 - 08001 Barcelona
Impressió i enquadernació: Liberdúplex, S. L. U.
Polígon Torrentfondo - 08791 - Sant Llorenç d'Hortons
Paper interior: Hellefoss AS/SECOPA
Paper coberta: Burgo Group/Ebix
Plastificat coberta: Plastificados GPM
DIPÒSIT LEGAL: B. 48.594-2008
ISBN: 978-84-664-0964-3

www.columnaedicions.cat
www.tv3.cat/botiga

Índex

Preàmbul:
La Marató, al cor del servei públic
Mònica Terribas 9

Introducció
Walter Riso 15

L'home que nedava
Najat El Hachmi 23

El Mengüí
Piti Español 33

La cara del pànic
Martí Gironell 41

Barcelona, 1964
Gemma Lienas 55

Un pou
Carme Riera 73

6.40 p.m.
Maria Mercè Roca 79

Com un cel d'estiu
Sílvia Soler 91

Com escriure sobre la pròpia malaltia mental sense plorar com una magdalena
Matthew Tree 101

Preàmbul
La Marató, al cor del servei públic
Mònica Terribas

Formar part del projecte de Televisió de Catalunya és formar part d'un instrument que pot incidir decisivament en la millora de la qualitat de vida de les persones que la veuen, i La Marató ho és en el sentit més radical i potser més estructural. A través d'un programa de televisió, s'expliquen any rere any les dificultats dels que viuen malalties que els impedeixen jugar amb les mateixes cartes que els altres; però, al mateix temps que s'expliquen, es recullen els mitjans per eradicar-les —si fos possible!— o disminuir-ne els efectes.

Cada any, la televisió del nostre país demostra la seva implicació en la realitat quotidiana de milers de persones fent una crida a tots els altres per ajudar-les. Televisió de Catalunya pot presumir de fer un servei públic en el plantejament de totes les seves activitats; però, especialment, en iniciatives com aquesta que va arrencar el 1992. Setze anys després, La Marató s'ha convertit en un emblema del que TV3 vol ser. Un diumenge de desembre, Televisió de Catalunya emet en directe, durant catorze hores, un programa que incorpora els principals elements de la missió d'una televisió pública: informació, divulgació, entreteniment i, sobretot, el paper de dinamitzadora social i de nexe d'unió de la societat, per conscienciar els ciutadans i fer possible que la solidaritat d'uns contribueixi al benestar d'uns altres i a un millor futur per a tothom.

En cada edició de La Marató, els catalans revaliden l'èxit d'aquesta iniciativa: en setze anys, s'han recaptat gairebé setanta-cinc milions d'euros i s'han finançat quatre-cents vuitanta-vuit projectes de recerca biomèdica.

Des de l'any 2000, la Fundació La Marató promou un altre projecte per impulsar la recerca biomèdica i l'intercanvi de coneixements científics: la celebració d'un simposi en què els experts que han liderat projectes finançats per La Marató expliquen a altres científics els seus avenços i intercanvien experiències per cooperar en la recerca d'un tractament eficaç contra aquestes malalties.

Aquest 2008, amb la voluntat d'oferir més elements que facin reflexionar la societat i contribuir a la seva conscienciació, l'equip de La Marató de TV3, comandat pel seu director, Xavi Abad, juntament amb la Fundació La Marató de TV3, ha decidit editar la publicació que teniu a les mans. *És El llibre de La Marató*. Conté vuit relats de ficció sobre realitats que cada dia pateixen moltes persones a Catalunya —els afectats per les malalties mentals greus i els seus familiars.

Aquestes dosis de reflex real ens ajudaran a trencar tòpics i estereotips d'aquestes malalties que perviuen en la nostra societat i estigmatitzen les persones que les tenen. Amb aquests relats entendrem que aquestes malalties són una de les tres primeres causes de baixa laboral, condicionades tant per la genètica com pel que ens envolta i la vida que fem.

En cada edició de La Marató, hi ha centenars de voluntaris que contribueixen en gran mesura a fer d'aquesta iniciativa un èxit col·lectiu de la societat catalana. En l'edició d'aquest llibre, també s'ha seguit aquesta concepció i tots els que l'han fet possible hi han col·laborat d'una manera totalment desinteressada. Per això, vull agrair de tot cor la contribució literària dels escriptors que han participat en aquest primer llibre de La Marató: Najat El Hachmi, Piti Español, Martí Gironell, Gemma Lienas, Carme Riera, Maria Mercè Roca, Sílvia Soler, Matthew Tree i Walter Riso, que amb el seu text introductori ens aporta la mirada científica, però didàctica, sobre les malalties mentals. Així mateix, ha estat una sort comptar amb la col·laboració de Víctor Igual en la fotocomposició, Liberdúplex en la impressió i enquadernació, Plastificados GPM en el plastificat i Hellefoss AS / SECOPA i Burgo Group / Ebix en l'aportació del paper. Tot plegat, a l'empara de la bona feina de Columna Edicions i Publicacions de TV3, amb Elena Goixens al capdavant.

Gràcies a la participació de tots ells, els guanys de l'edició d'*El llibre de La Marató* s'incorporaran a la recaptació d'aquest any per finançar la investigació científica de les malalties mentals greus.

Que hagis comprat *El llibre de La Marató* diu molt de tu.

MÒNICA TERRIBAS
Directora
Televisió de Catalunya

Introducció

Walter Riso

No som tan feliços ni tan desgraciats com ens pensem

François De La Rochefoucauld

En un món tan veloç i globalitzat i tan poc introspectiu, on la preocupació pel «jo» i el sentit de la vida brillen per la seva absència, no és gens estrany que les malalties mentals greus trobin un terreny fèrtil per establir-s'hi. Deixant de banda la nostra vulnerabilitat biològica, poca o molta (no hem d'oblidar que algunes d'aquestes malalties tenen un rerefons bioquímic comprovat), els esdeveniments estressants incontrolables augmenten més i més mentre que els recursos per afrontar-los són cada vegada més incerts, cosa que genera, a més de por, un buit existencial difícil de manejar. La falta de punts de referència ideològics i ètics ens dilueix en una mena de Matrix, on l'autoconeixement s'afebleix dia a dia. Les utopies que abans ens mantenien actius i esperançats s'han esvaït i ens han deixat a la deriva sense un nord definit i sense tenir opcions existencials clares i saludables. En aquest entorn, on les megatendències ens empenyen a la uniformitat de criteris, i les modes intenten rentar-nos el cervell més que mai, l'ésser humà ha d'adreçar la mirada cap a l'interior. Rescatar l'individu, tornar a l'autogovern, a la resistència que sorgeix de l'autonomia i a un «lliure arbitri mental», tal com aconsellava Epictet, que ens permeti de prendre decisions més descontaminades. Com ja he dit, en aquestes condicions socioculturals no és gens estrany que l'absurd s'instal·li i la ment es perdi en banalitats. L'aprenentatge social ens indueix a pensar d'una manera irracional, i d'aquesta irracionalitat cognitiva a les malalties mentals greus hi ha un pas.

Aquest llibre presenta en forma de ficció diferents tipus de malalties mentals greus que reflecteixen la dimensió psicobiosocial de l'ésser humà i la seva profunda complexitat quan es distorsiona la informació sobre un mateix, el món i el futur.

Des d'un punt de vista psicològic, la ciència ha demostrat que hi ha certs estils del processament de la informació, maneres de veure i sentir el món i a nosaltres mateixos, que són molt contraproduents per a la salut mental de tots. El coneixement d'aquestes fragilitats cognitives ens permetrien en principi d'enfortir la ment, creant hàbits oposats a les vulnerabilitats esmentades. Els punts següents ens poden ajudar a crear un estil de vida més saludable:

- Aproximar-nos a una *vida bona*, perquè l'alegria/felicitat actuï com un dic de contenció per a la gran majoria de les malalties mentals greus, com ara tenir una estimulació plaent (un ambient motivacional), sentir-se satisfet amb la feina (gratificació vocacional), tenir un sentit de vida (significació existencial), deixar la ment en repòs (l'ataràxia), la relaxació, disminuir l'ansietat; tenir en compte més el present i menys el futur o el passat, fer-se càrrec d'un mateix (*autarkia*: autonomia, autogovern, assumir i executar les decisions pròpies) i sentir indiferència envers les emocions destructives o negatives (*apatheia*: control sobre les situacions que ens generen angoixa, culpa, ira, por irracional).

- Aprendre a perdre. Ser estoic en aquest punt. Discernir què depèn de mi i què no. Probablement arribarem a la convicció que el que veritablement depèn de cadascú no sigui altra cosa que les decisions ètiques; és a dir, decisions sobre el que està bé i el que està malament. Quan deixem de banda la necessitat de control, som lliures per triar i orientar la conducta sense que l'ambigüitat i la incertesa ens esclafin.
- Ni culpa destructiva ni irresponsabilitat. El camí del mig s'obté generant atribucions realistes que permetin de determinar quina és la nostra quota objectiva en l'evolució dels esdeveniments, siguin d'èxit o de fracàs. Les persones amb malalties mentals greus se senten responsables de les situacions de fracàs, però no de les d'èxit, cosa que atempta contra l'instint bàsic de conservació i autocura.
- Eliminar les autoverbalitzacions negatives i el maltractament que ens donem a nosaltres mateixos. Educar per a l'autoreforç i no per a l'autocàstig. La ment no està mai en silenci, mur-

mura, xiuxiueja, rondina i conversa amb si mateixa. El que et dius a tu mateix, el teu diàleg intern, és tan o més important que el que et diuen els altres. En definitiva, fer les paus amb el propi «jo».

- Trencar els cercles viciosos on la memòria, l'atenció i la percepció autoperpetuen els esquemes maladaptatius. Equilibrar cadascun d'aquests processos procurant veure les coses com són. Una ment que no esbiaixa la informació en sentit negatiu crea immunitat a la malaltia psicològica, esdevé més flexible i desperta.
- No funcionar amb un pensament del tipus «tot» o «res». La vida no és en blanc i negre, conté grisos i altres tonalitats. Les categories absolutistes són molt perilloses, perquè ens treuen opcions i ens tanquen les portes de l'esperança. Hi ha un cert relativisme que ens va bé, ens fa pensar més enllà del que és obvi. I no em refereixo als principis ni a les conviccions que defineixen la nostra essència, no parlo de deixar-se dur pel corrent, sinó de considerar i aplicar un enfocament pluralista de la vida.
- Fem excel·lents campanyes de prevenció per disminuir la incidència de la sida, el maltractament, el tabaquisme i moltes altres patologies, però cal fer-nos la pregunta: ¿Eduquem els nostres fills en els principis que hem esmentat perquè generin resistència als trastorns mentals que és possible prevenir?

Hi ha tres preguntes que tothom s'hauria de fer:

- Estic a prop de la malaltia mental greu, de la depressió, per exemple?
- Posseeixo les vulnerabilitats psicològiques que m'hi predisposen?
- Estic disposat a eradicar-les i substituir-les per un altre estil de pensar i sentir la vida?

Si les respostes indiquen cap al risc, és hora de canviar, de revisar la nostra filosofia de vida o demanar ajudar. Cadascú decideix.

WALTER RISO,
Psicòleg clínic i escriptor

L'home que nedava

Najat El-Hachmi

Això era un home que cada dia enfilava l'avinguda vorejada de plataners per anar a nedar, un home amb les conviccions fermes, per a qui la disciplina era important. El caos, deia, s'ha de combatre, i només l'ordre i la rutina poden contenir una realitat que vol desfermar-se contínuament.

L'home nedava 45 minuts diaris, 5 d'escalfament, 20 de crol i 20 d'esquena. Preferirira anar sempre d'esquena, aquest estil és clarament més equilibrat que la resta, s'utilitzen tots els músculs del cos per igual, però el crol li permetia d'augmentar i mantenir la capacitat pulmonar: respirar al revés és respirar bé, perquè hi has de pensar, no és el gest reflex fruit d'una necessitat bàsica, has de concentrar-te molt per, mentre un braç s'alça, l'altre s'enfonsa dins de l'aigua, gires el cap a una banda, agafes tot l'aire que pots sabent que després et serà escàs i a més a més per la boca per, finalment, tornar a posar la cara a dins de l'aigua i deixar-ho anar tot pel nas. És un exercici que requereix pensar i disciplinar-te.

L'únic problema del crol és que és un estil desequilibrat, nedes de biaix i això fa que desenvolupis més una meitat del cos que una altra, el braç que s'endinsa sempre ha de fer més força per donar l'impuls suficient i és evident que un pulmó s'expandeix més que l'altre, pel simple fet que una banda del costellam, de la cintura, s'estira més. Per això l'home que nedava estava sempre atent als seus dos braços: en prenia la mida cada matí, després de pesar-se sense roba i ajustant l'agulla al zero, comprovant, després de baixar de la bàscula, que seguia al zero. Ho feia tantes vegades com calgués per no enganyar-se a ell mateix, per no quedar-se amb la falsa impressió que pesava igual que el dia anterior, emportar-se una decepció pensant que s'havia engreixat mig quilo o bé deixar-se emportar per una il·lusa eufòria si donava per fet que s'havia aprimat. Així era que es pesava tres vegades i les que calgués fins que, un cop descarregat l'aparell, l'agulla tornava a ser en el punt d'equilibri. Amb els braços era més exacte el resultat, però menys el control que podia exercir sobre els seus exercicis per corregir la desigualtat entre el diàmetre d'un i l'altre. Així és que l'home que nedava cada dia al matí es posava dos braçalets força amples que li havien costat dies i dies de trobar, se'ls col·locava a l'alçada dels tríceps i feia coincidir dits i canells per portar a terme la seva anàlisi comparativa. La diferència podia ser subtil i a penes visible per a qui no necessita un cert ordre en el seu cos i la seva vida, però ell es mantenia sempre ferm en el propòsit de controlar els seus moviments, els seus músculs, tot allò que era controlable.

L'home que nedava tenia un sentit més desenvolupat que els altres que li havia salvat sovint la vida:

tenia un olfacte especialment fi que no deixava escapar cap olor i li donava més informació de la que tenia la resta de mortals.

L'home que nedava tenia una dona amb qui vivia des de feia vint anys, una dona que, fins al moment, havia demostrat ser lleial i només seva, però això era fruit de la seva perseverança, d'haver estat en guàrdia tots aquells anys i no haver-se deixat enganyar mai per les aparences. La seva dona podia fer el que volgués, havia treballat molts anys de dependenta i estava contínuament exposada a homes que se la miraven amb desig, no en va era perfecta, amb el rostre simètric i amb els dos pits igual l'un a l'altre. Sí, els estudis d'experts diuen que sempre n'hi ha un de més gros, un de més ferm, un de més ben fet que l'altre, però ell va triar la seva dona precisament perquè no era el cas, perquè els seus eren perfectament iguals. Els havia mesurat i tot, havia fet tots els càlculs per confirmar allò que ja sospitava: el diàmetre de la base, la distància de l'aurèola fins al mugró, la mida del mugró sense excitar i un cop excitat, l'angle entre les costelles i el pit, tot era exactament igual entre un i altre.

Quan la seva dona encara no el coneixia massa, potser s'estranyava una mica que ell la sotmetés a aquest tipus d'anàlisi, sobretot quan li havia mesurat els pits en plena sessió amorosa, però s'hi va anar acostumant. De la mateixa manera que es va acostumar que calibrés la seva excitació en funció de la humitat de la seva vagina. Hi posava els dos dits sempre abans de penetrar-la i si la trobava una mica més eixuta del que estava acostumat, li deia que com era possible que l'intentés enganyar, que com era que fingís tremolar tota esperant-lo impacient si era evident que no regalimava per ell.

Va ser força complicat fer-li entendre com n'era d'important, tot allò, ella que si no sempre es reacciona de la mateixa manera, que si no puc fer res per controlar-ho, que si m'has de creure que m'excites des del primer dia. Tot podia ser una gran mentida, tot era un castell de cartes quan introduïa els dos dits i els treia gairebé secs. Llavors decidia que plegava, que en aquelles condicions ell no follava.

Hi havia dies en els quals ella estava tan humida que només palpar-la els dits se li enfonsaven amb celeritat, i això, lluny de ser un signe de satisfacció per a l'home que nedava, es convertia en un motiu més de sospita. Com podia ser que estigués tan excitada si no havien fet res fora del que feien sempre, com era que pogués estar tan humida que fins i tot les calces les tenia molles? I hi donava voltes i més voltes i no tenia altre remei que acabar-la interrogant: com és que estàs tan molla? Per tu, repetia i repetia, ets tu que em poses així, però l'home que nedava no es deixava enganyar tan fàcilment, per ell s'havia excitat altres cops, però d'aquella forma no. Començava a repassar els moments previs de ficar-se al llit: és pel cambrer que t'ha mirat quan ens servien el sopar? És per ell, oi? Em penso que tu també te l'has ben mirat. Ella que què dius, que t'has tornat boig i que t'ho juro que no sé ni de quin cambrer em parles. Així potser és per tota aquella colla d'homes que tenies al voltant quan hem sortit a fer la copa, oi que t'has sentit desitjada per tots ells? Oi que t'encantaria poder-te'ls follar a tots, un per un o bé tots alhora? Ella li repetia que estava boig, que què s'havia pensat de parlar-li d'aquella manera, però al final acabava jurant-li que ni per un moment cap idea semblant li havia passat pel cap i sisplau, sisplau, para de donar-hi voltes i fem l'amor. Follaven, però ell un pèl d'esma perquè del tot, del tot, no se l'havia creguda.

De fet, del tot del tot, no se n'havia acabat de refiar mai. No es podia permetre el luxe d'abaixar la guàrdia. Cada dia l'escorcollava a consciència sense que ella ni se n'adonés: que no portés cap marca enlloc, un cabell, un somriure diferent. Tot podia ser una evidència de les banyes que duia, sobretot les seves olors. Li havia dit que deixés de posar-se perfums, que no li agradava, i que es busqués un xampú menys olorós. Així a ell li era més fàcil intentar trobar ferum d'altres homes damunt la seva pell, a la seva roba, als seus cabells. Un dia que va canviar de suavitzant per a la roba va ser tot un daltabaix, i van estar una setmana sencera discutint sobre si ella li feia el salt o no.

Ella ni ho sospitava que la seva part més fidel eren els baixos, es pensava simplement que li agradava enfonsar el nas en els seus plecs humits per fer-la estremir de plaer, però per a l'home que nedava allò no era res més que una forma dissimulada de comprovar que no havia estat amb cap més home. Ella acostumava a dutxar-se al matí, quan es llevava, però la va convèncer per fer-ho al vespre, li deia que preferia fer-li l'amor amb l'olor de vint-i-quatre hores, que el posava molt calent tenir-la una mica bruta. Que follessin i després es dutxés per dormir, així al vespre següent estaria al punt perfecte. Però tot això ho feia per comprovar cada nit que: 1) no havia estat amb ningú més i 2) que no s'havia hagut de dutxar al llarg de tot el dia, potser per treure's precisament l'olor de sexe d'un altre home. No, l'home que nedava no abaixava mai la guàrdia i era així que cada nit baixava fins sota el ventre de la seva dona i aprofitava per enfonsar el nas en totes les seves cavitats. No hi havia passat ningú, per allà, avui no, però tot i això no deixava mai la seva cerca.

L'olfacte el salvava de portar unes banyes com monuments sense saber-ho i el salvava de contraure malalties. Als restaurants on dinava ja s'havien acostumat a anar amb tota la cura del món quan li preparaven el menjar, les botigueres del mercat repassaven una i altra vegada els productes que li venien i a la piscina on anava a nedar ja feia temps que el prenien per boig.

Vostè no deu tenir massa feina, deia la noia de recepció cada vegada que omplia un full de reclamacions. Era evident que un lloc amb tanta aigua i tanta gent havia de ser un lloc que complís les mínimes normes d'higiene. Suposadament els usuaris tenen per norma dutxar-se abans d'entrar a l'aigua, amb xancletes que només són per fer servir dins del recinte i el cap ben tapat amb el casquet per no omplir la piscina de cabells.

El senyor que nedava va anar demostrant que les normes eren violades per força gent que es ficava a l'aigua quan ell hi era i que això no només era inacceptable, sinó que el sotmetia a un perill de contagi de malalties que ell no podia assumir. Això era el que havia posat a cadascun dels fulls de reclamacions; avisava que, si el club no prenia les mesures pertinents, tard o d'hora acabarien pagant-ne les conseqüències, que si estaven disposats a fer front a una demanda judicial quan finalment ell agafés qualsevol cosa per culpa de la laxitud amb què observaven el compliment del reglament.

Tot havia començat el dia que va olorar dins de l'aigua, abans no era conscient del perill que corria. Fins que un dia va introduir el cap a dins de l'aigua per deixar-hi anar l'aire i va sentir l'olor forta d'un desodorant per a homes, allà mateix, amb el cap enfonsat. Hauria dit que era una al·lucinació seva si no fos que un altre dia, repetint el mateix gest, havia sentit com si el tingués a tocar, que un dels nedadors de qui sap quina banda de la piscina no feia massa que s'havia fumat un cigarret. Va començar a observar els altres cossos que es capbussaven en l'aigua on ell era i va adonar-se que n'hi havia de ben eixuts, que no és norma dutxar-se abans d'entrar?

No va trigar, a través de les ulleres transparents, a detectar tot un manyoc fastigós de cabells al fons de la piscina. Quina mania tenen els cabells d'ajuntar-se els uns amb els altres, perquè si no fos així, si només hagués estat un cabell sol, mai de la vida l'hauria detectat. Va anar fins a recepció i va tornar a demanar el full de reclamacions. Un altre dia va ser algú que caminava descalç, un altre la no adequació d'alguns nedadors a la velocitat pròpia del carril on estaven, un altre que algú d'anada anés per l'esquerra i no per la dreta, que això podia provocar accidents greus dins de l'aigua.

Així va ser que el club va decidir exercir el seu dret d'admissió i va trobar-se amb les portes bloquejades quan intentava entrar amb la targeta. El mateix dia que la seva dona va dir-li que ja n'hi havia prou de fer-li l'amor d'aquella manera, que volia canviar.

El Mengüi
Piti Español

A l'Alfons, in memoriam

No m'he fet el xulo ni res, jo, de vegades, dient que havia anat al col·le amb el Mengual! El Mengüi, que li dèiem. «Ei, Mengüi! Passa-me-la, Mengüi!». És que el Mengüi jugava molt bé a pilota, el tio. I li fotia uns efectes... No sé com s'ho feia, el paio, perquè jugàvem a futbol en aquella merda de pati que teníem als Escolapis, ple de pols i tal, i sempre ens havíem de barallar amb els del B per veure qui agafava la porteria bona, i el tio semblava que no s'embrutés, amb aquells Sebago que portava i aquella roba de Gonzalo Comella.

El Mengüi era mig pijo però no fardava gens, era bon tio. I això que el paio podria haver estat un cregut de merda perquè, a part de tocar-la bé, el tio treia unes notes de collons i sense estudiar ni res. No sé com s'ho fotia. Ep, jo d'estudiar tampoc no gaire, però collons, a mi m'omplien de *cates*! Sort que... «el rei de la xuleta», em deien. Si fins i tot em va fer classes de mates, de les matemàtiques modernes que deien, aquella merda dels *conjuntos* i dels *subconjuntos* i de *incluido a* i *pertenece* i una merda de *conjunto* que es deia *conjunto vacío*, tio, *conjunto vacío*, ja em diràs, que el Mengüi deia que eren unes mates molt fàcils, «ja ho veuràs», però no s'entenia res. Matemàtiques modernes... Modernes, si els meus fills no tenen ni idea que existeixin! Com la Mirinda, tio, que a la seva època era tan famosa i tan moderna i ara ningú se'n recorda, o el *comediscos* aquell, que jo en tenia un de vermell collonut, amb tots els discs dels Brincos, «*la otra noche, bailando estaba, con Lolaaaaa y me dijo que se encontraba muy solaaaa*». Encara se'm posa la pell de gallina, quan la sento. I el Mengual tenia un Vieta, el *cabrón*, d'aquells que posaves tot de discos i anaven caient i no t'havies ni d'aixecar. I un Scalextric de collons, també. I es trucava els cotxes, no sé com s'ho feia. I anava a aquell Scalextric de Mariano Cubí, tio, amb els seus cotxes que no sé d'on la treia però sempre tenia pasta. I jo no hi vaig poder anar mai, ni a la granja aquella que anaven a la sortida del col·le, aquella on hi anaven les nenes de les *Damas Negras*, que totes parlaven castellà. Bé, a la granja sí que hi vaig anar algun dia. Però només em fotia un Cacaolat, res d'un suís ni res com es fotia el Mengüi. Ni cap ensaïmada.

I quan vam acabar el Preu, el tio va entrar a periodisme i a dret. Dos carreres, el molt *cabrón*. La sele i les proves de la uni a la primera, es veu que es va treure el tio, pim-pam, una, pim-pam, l'altra, cap problema. Jo que això d'estudiar no acabava de ser el meu fort, vaig entrar a treballar al bar de casa —faig unes braves de collons, millors que les del bar Tomàs, no creguis—, que ja hi ajudava els estius, que l'avi ja estava molt malament amb la merda aquella del càncer i així em feia unes peles, i de seguida vaig poder pagar l'entrada d'un 850 coupé de segona mà, vermell, collonut, amb el volant de cuiro i seients reclinables. Per lligar.

Però el que lligava al col·le era el Mengüi. I jo no ho entenia perquè el tio era com mig monyes. A veure, espera, no, no és que li agradessin els tios, com al Serna, que ja es veia que seria *maricón*, que després es va fer modista, el tio, no li havíem fotut *collejas* ni res, a l'hora del pati. «Serna, plora una mica». Pam! No, però el Mengüi era com... com finolis, com... fumava mentolat, el tio. I portava unes Rayban. I a les ties els molava, sobretot a les de les *Damas Negras*. Devia ser dels primers que va follar de la classe. Almenys sense pagar. Abans que els dos Gaset i tot, que eren repetidors.

I llavors, en deixar el col·le i tal i no anar a la universitat ni res, doncs allò que els perds la pista, saps?, als de la classe. Algun dia, algun, el Monje, el Mateos, el Guilera, passaven per causalitat pel bar a fer un cafè o el que fos. «Ei, Dorca, què fots aquí?», que em deien. I jo: «Doncs mira... ¿Vols tastar les millors braves que has menjat mai o què?», o me'ls trobava pel carrer o, una vegada, el Molins, que tenia aquella germana que estava tan bona, me'l vaig trobar un estiu a la platja, tio, mira que és casualitat amb la de gent que hi ha a l'estiu a la platja. I la de platges que hi ha! Sense la germana estava, el Moltri —li dèiem Moltri—, llàstima, perquè la germana tenia unes tetes i en biquini devia ser..., uau! Només de pensar-hi...

Però en general, res, allò que perds el contacte. «La vida, que et porta cadascú per un lloc», que diu la meva sogra, no sé si amb mala llet o què. Però mires el diari i sents les notícies i tal i al Mengual li vaig anar seguint la pista. Es veu que el tio allò de dret ho va acabar però res, i al que es va dedicar més va ser a la publicitat —que no sé per què collons va haver d'estudiar tant, ja em diràs, total per fer anuncis tipus *lava más blanco* i tal— i de seguida el van fer com *jefe* d'una agència o no sé què de creatiu i fotia anuncis i pasta per un *tubo* i es veu que guanyava lleons d'aquests que donen o conxes o no sé què i de tant en tant li feien entrevistes o alguna cosa. I el tio triomfava, ja es veia. I sortia a la tele. I jo ho deia, a casa: «Aquest anava a la meva classe». I flipaven. «Amb el Mengual, anaves?». «Érem molt col·legues». I no s'ho creien. I un dia que l'entrevistaven que havia tret un llibre de no sé què, que es veu que el tio, a més de guanyar una pasta que t'hi cagues i lligar pels descosits —perquè aquests de la publicitat ja em diràs com deuen lligar amb tantes models que hi ha—, escrivia que ja li agradava escriure quan anava al col·le perquè sempre fotia unes redaccions collonudes. I el llibre va guanyar un concurs o va ser un best-seller d'aquests i el dia de Sant Jordi vaig dir, saps què, tio, me'l compro i que me'l firmi i a casa que es quedin amb un pam de nas. O que me'l signi, que diuen ara, que per mi senyar-me era fer el senyal de la creu, esperit sant, amén. Com allò d'*acera*, que ara en diuen vorera, que ja em diràs. O bústia, que ni es veu que és un *busón*.

Doncs el tio, vaig, no?, i em poso a la cua i quan arribo em diu «Nom?» i li dic «Mengüi, tio!» i em mira i em diu «Apa, el Dorca!». I jo «Fill de puta!» i unes abraçades el tio i «Què, què fots?» i «Com va la vida?» i «Tio, que no vull que compris el llibre, que te'l regalo, faltaria» i em va fer una dedicatòria de collons i un dibuix i em va regalar un boli i... I li vaig demanar si me'n podia firmar un altre, per a la Conchi, que jo sabia que les coses dels famosos li agradaven. I el tio encantat. «Conchi es diu la teva dona? De Conxita», i jo li vaig picar l'ullet i ell va riure i que ell s'havia casat amb una alemanya, el *cabrón*, quina sort, i que «Ens hem de veure» i «Ja quedarem» i «Vine a fer unes braves, tio, convida la casa» i els de darrere ja remugaven, que la gent és l'hòstia, que et trobes un amic de fa no sé quants anys i no saben esperar ni res, seran mamons.

Amb la Conchi la cosa no va acabar de funcionar. Home, una mica de tonteria i magrejar una mica, però res de ficar-la, que em deia que jo estava casat. Com si no ho sabés jo, que sóc el que ho pateixo. Casat i amb dos nanos, la segona molt llesta, que diu que vol ser arquitecta. I el primer, el Ramon, doncs mira... ha sortit més a mi, per allò de *la viña del señor*, que també diu la sogra dels collons.

Al Mengual no li vaig trucar ni res, és clar, i ell tampoc va passar a prendre's les braves, que l'hauria convidat. I el llibre tampoc me'l vaig llegir perquè la Conchi em va dir que era una mica conyàs, de coses de publicitat i tal, però el Mengüi continuava sortint a la ràdio i als llocs i fent més llibres i un dia fins i tot el vaig veure al *Lecturas*, en una festa a Eivissa, amb aquella model que estava tan bona, que feia l'anunci de les natilles, que es deia... és igual, però que estava tan bona. I em sembla que es van ajuntar i tot i no sé si fins i tot van tenir un nano o en van adoptar un d'aquests xinesos o no sé què. I l'alemanya se'n devia tornar a Alemanya. O a enrotllar-se amb un altre.

Però la qüestió és que fa uns dies, baixava jo per Rambla Catalunya, pim-pam, i a l'altra banda, pujant, veig que puja el Mengual amb una tia, així com sud-americana, joveneta, agafats de la mà, el tio, quins collons, a la de les natilles la deixa amb el xinet i ell s'ho fa amb la morena aquesta que el tio li dobla l'edat. I m'acosto i li dic «Ei, Mengüi!» i el tio no em mira ni res, com si no em conegués. I jo «Mengüi, collons, que sóc el Dorca!» i ell res, mirant el terra. Tant que em vaig emprenyar una mica, hòstia, perquè no t'esperes després de tants anys d'amistat que et tractin d'aquesta manera. I la burra de la sud-americana em diu: «*El señor no le reconoce, que tiene una depresión*». Una *depresión*... el Mengual! Jo encara, que tota la vida he sigut un desgraciat, ho reconec, però el Mengüi... De què, home? Es pensa que em mamo el dit o què? El que passa és que és com tots, que tenen èxit i fan pasta i van amb mil ties i són els amos i veuen un *don nadie* com jo i fan veure que no et coneixen ni res. «Ara he de saludar el pesat del Dorca, quin conyàs! Em foto el deprimit i que foti el camp». I me'n vaig anar, és clar. Però abans, tio, no me'n vaig poder estar i perquè no es pensés que m'havia empassat el *cuento* li vaig dir: «No m'esperava això de tu, Mengüi, de tu no». I vaig fotre el camp.

La cara del pànic
Martí Gironell

Asseguda davant del cartell de la pel·lícula que protagonitza i que d'aquí a uns instants s'ha de presentar a tot el món, recorda. Asseguda en una butaca de la *suite* presidencial de l'hotel recorda com va començar tot, des del principi amb els primers atacs fins a arribar al dia d'avui, aquí, on és ara, a punt per enfrontar-se al món, curada. Tot i que sap que no es pot permetre abaixar la guàrdia.

Allà, a fora de l'habitació, hi ha una sala on sap que l'esperen centenars de periodistes que han vingut de tots els racons del món, de tot arreu i de tots els mitjans possibles, només per veure la seva reaparició, deu anys després. Ho sap i no té por ni està angoixada. Ho ha superat i n'està orgullosa. Ho ha fet gràcies a la pel·lícula i això li dóna forces per sortir a explicar-ho, perquè gràcies al cinema s'ha enfrontat a ella mateixa i al seu trastorn. I, a més, sap que així podrà ajudar persones que puguin sentir-se com ella.

És una dona de 36 anys, casada, sense fills, viu a la Ciutat del Cinema i en els últims deu anys, sense voler-ho, ha protagonitzat molts dels somnis eròtics que han tingut un noranta per cent dels homes de la seva ciutat, del seu país i de la resta del món. Fins a avui, ningú —i quan dic ningú vol dir ningú— coneix el seu secret. Perdó, ningú, tret del seu home, el seu metge de capçalera i la persona que en el seu dia l'hi va diagnosticar. Avui, amb el títol de la pel·lícula i l'argument, tothom sabrà a què s'ha enfrontat, però no li fa por el que pensaran: està preparada.

Actualment es considera rehabilitada en un grau força elevat. Si algú li preguntés: ¿entre el zero i el deu, com valores el nivell de qualitat de la teva vida? Podria contestar, sense cap por, que li posaria un nou o un nou i mig. Aquest punt o mig punt que li falta per arribar al deu és perquè, de vegades, molt de tant en tant, té moments de debilitat en els quals ha de lluitar per no deixar-se emportar per les seves pors.

Quan va començar a notar-ho tenia 25 anys i no feia gaire que havia acabat una de les seves primeres pel·lícules d'èxit. Va coincidir amb l'època que va començar a sortir amb un dentista que acabaria sent el seu marit. Tot li anava bé: èxit a la feina i èxit a la vida privada. Tanmateix, van aparèixer els problemes de salut. Una tarda, després d'un rodatge, sortia dels estudis de gravació i es dirigia cap a l'aparcament per agafar el cotxe i tornar cap a casa. Era un trajecte (dels platós al *hall* principal de l'empresa) que se solia fer amb un microbús que els estudis sovint utilitzaven per traslladar els tècnics i els figurants i que ella, de vegades, també feia servir: era famosa però tampoc no anava de diva!

Quan feia uns minuts que havia pujat va començar a notar una increïble sensació d'ofec que cada vegada es feia més real. Mai abans no havia sentit aquella opressió al pit, aquella falta d'aire... Aquell dia el microbús anava ple com un ou i les possibilitats de canviar de lloc i acostar-se a la finestra eren mínimes. Estava encaixonada entre un tècnic d'il·luminació, una maquilladora i un noi vestit de foca. El cor li anava a dos-cents per hora, com si tingués una taquicàrdia galopant, com si li hagués de venir un cobriment o un infart. Estava segura que si no arribaven de seguida i podia baixar a respirar li sortiria el cor de cop per la boca. Al cap d'una estona, així com li va venir li va marxar. Un cop refeta i fora del microbús no en va fer cas perquè aquell dia, casualment, el vehicle anava més ple del compte. Tot i això li va quedar un dubte latent que, de mica en mica, aniria en augment. Recorda que a partir d'aquell dia va començar un viacrucis, un autèntic calvari.

A poc a poc, les situacions que li generaven ansietat van anar en augment. Se li van fer insuportables els àpats familiars, els dinars de negocis, les *premières* i estrenes a què la convidaven i les presentacions de productes de la firma de cosmètics de la qual ella era la imatge. L'angoixaven. Es col·lapsava i era incapaç de tastar res fins que el nivell d'ansietat li disminuïa. De trist record va ser aquell sopar d'aniversari a casa del seu germà. Sense témer ni preveure res que li fes presagiar que sofriria un atac en aquell lloc on estava tan a gust, es va asseure en un racó de la taula que, per desgràcia, la deixava entaforada entre taula i paret: no en podia sortir. Va ser adonar-se'n i dins seu es va activar una onada de pànic, d'angoixa indescriptible. Li va semblar, però, que l'ofec i la pressió que notava eren diferents dels d'aquell dia dins del microbús perquè havien augmentat d'intensitat. Es volia fondre i no volia ser el centre d'atenció, com gairebé sempre acabava passant. Amb el temps va aprendre a distingir els clàssics atacs de pànic dels d'angoixa, i a passar el tràngol com bonament podia. Uns atacs que, tot sigui dit de passada, en aquella època eren força freqüents. Tenia les mans xopes de suor, l'esquena tota rígida perquè una esgarrifança li recorria l'espinada i notava la boca pastosa, seca i, al mateix temps, plena de delicioses i exquisides viandes que la seva cunyada havia cuinat però que ella no es podia ni empassar. Quan l'atac va anar de baixa es va relaxar i, com va poder, va mirar de gaudir del sopar per no esguerrar la festa d'aniversari al seu germà. Anteriorment, en altres episodis semblants, havia fet servir l'alcohol per mirar d'enfrontar-se a aquelles situacions, però ni amb un pèl de desinhibició n'hi va haver prou per sortir-se'n. Aquell episodi a casa del seu germà va ser l'últim sopar, el sopar que la va fer decidir retirar-se i fer vida d'ermitana. Si per arribar a la calma havia de passar per aquella tempestat no estava disposada a patir-ho. Va descobrir que la millor manera d'evitar aquelles situacions provocades pels atacs era precisament evitant-les. I com ho havia de fer? Molt fàcil: no anant-hi.

En aquell moment es pensava que feia ben fet, però s'equivocava. Encara no ho sabia perquè ni s'ho creia ni es veia amb cor d'afrontar-ho, però l'opció d'encarar-se amb el problema hauria estat, de fet, la manera d'acabar amb aquells atacs. Fugir d'aquelles situacions que li produïen fòbia no era la solució. A risc que tant ella com el seu representat acabessin les excuses, va anar deixant d'assistir a aquests actes.

Aquells anys van ser molt difícils. Al principi, va fer el clàssic pelegrinatge de consulta en consulta buscant un metge perquè, més que una cura, abans de res, mirés de donar-li una explicació fisiològica al seu problema.

Com que en primer lloc, i de manera força freqüent, tenia inapetència, cremor d'estómac i altres símptomes relacionats amb l'aparell digestiu, va acudir, perquè el seu metge de capçalera la hi va adreçar, a un especialista d'aquest camp. L'home, molt amable, després de múltiples proves, li va haver de dir molt a pesar seu que tot estava en ordre, que no hi havia cap disfunció i que, segons pròpies paraules, «tenia un estómac a prova de bombes». Fins i tot, assessorada pel seu agent, es vaig deixar enredar i va accedir a visitar un famós curandero que havia agafat molta anomenada i havia rebut moltes estrelles del rock i la cançó protesta en l'època hippy. Amb la visita a la seva consulta va obtenir idèntic resultat que en les anteriors a d'altres metges: no sabien què tenia ni què li provocava aquella angoixa.

Els símptomes no es reduïen a moments puntuals o a episodis passatgers, no. No era que només duressin uns minuts en què s'exposava a una situació difícil o vivia uns moments especialment angoixants, no. Sovint, massa vegades, la sensació d'inestabilitat, com d'estar marejada, com de perdre el món de vista, durava molt de temps. No sabia calcular-ne l'estona, però passar per aquella desagradable sensació que s'eternitzava i no en sabia veure un final, l'angoixava encara més. I si tot allò ho havia de viure de manera inesperada en qualsevol espai públic, s'estimava més fer-ho a casa. Aquest era el lloc on se sentia millor, més còmoda, més protegida, aïllada també de les mirades curioses. Ara, amb 25 anys i una carrera com la seva, quedar-se a casa no era la millor manera d'afrontar-ho. I a mig termini seria insostenible. La seva vida es va reduir a treballar i treballar. De casa —llegint guions i preparant els papers— a la feina —per rodar les seqüències— i de la feina a casa. Això era el que feia un dia sí i l'altre també durant tota la setmana. Estar concentrada en la feina la mantenia abstreta de totes les angoixes i quan s'acostava el cap de setmana convidava a sopar, a dinar o a prendre te alguns dels seus amics més íntims. Quan, de vegades, algú li suggeria o li proposava de fer alguna activitat fora de casa, reapareixien els problemes.

Sabia, però, que no ho podia defugir, que s'hi havia d'encarar. Un dia que es va veure més valenta va accedir a fer una escapadeta, res, una sortida de cap de setmana a una casa que la seva cunyada tenia a les muntanyes. Sabia que hi hauria la mateixa gent de sempre i, de fet, tenia emocions enfrontades. D'una banda, mentre parlaven i planejaven què farien i què veurien, gaudia i s'engrescava, però de l'altra i al mateix temps patia pensant en tot el que li venia a sobre. I va arribar el dia d'anar-se'n de cap de setmana. Aquell moment desitjat per la majoria, la sensació del divendres a la tarda quan saps que et queden dos dies per endavant per fer el que vulguis! Aquell moment que era anhelat per tothom però que a ella li provocava pànic. Encara ara, recorda com s'ho va passar de malament. Des del moment que va entrar al cotxe fins que van arribar a la casa, tres hores de carretera, no podia respirar. Entaforada al seient de darrere d'un tot terreny amb dues persones més a banda i banda com si la custodiessin... ho va passar realment malament, fatal.

No va poder menjar ni una engruna quan van parar a dinar en un parador abans d'arribar al capdamunt de la collada. Només tenia ganes de preguntar, tal com ho faria una criatura, si encara faltava molt per arribar. No veia el moment d'arribar. Un raig d'esperança, però, va il·luminar el paisatge de les seves cabòries. Per aquelles coses que té el cervell, va retrocedir fins a la seva infantesa. Incomprensiblement, el seu cap va processar sense cap ajuda externa un plec de records de quan era petita, justament de quan es va començar a manifestar la malaltia. A l'escola era extraordinàriament tímida. Li van fer una sèrie de proves psicològiques per comprovar si tenia alguna malaltia o patia problemes de personalitat o autisme. Com a teràpia, l'especialista li va recomanar a la seva mare que l'apuntés a dansa, això la va ajudar moltíssim però no va fer prou per superar-ho. Aquella timidesa es va convertir en vergonya patològica que d'adulta es va manifestar en atacs de pànic, d'angoixa, de períodes de depressió i agorafòbia. Paradoxalment, una altra por la paralitzava, i era la por de quedar-se sola. Sabia que el pitjor era l'aïllament, li feia por l'isolament, que la gent no l'entengués i acabés amb una depressió. I si li feia por era perquè hi havia antecedents a la seva família. Anys abans, una tia de la seva mare —en unes circumstàncies semblants a les seves— havia tingut una depressió de cavall. Com que aquella seva parenta tenia molts diners, va arribar a fer una excentricitat que ara només s'entén per la malaltia que patia: per no sentir-se sola es va arribar a comprar una ciutat. Li va costar més de vint milions de dòlars i, a la llarga, se la va acabar venent.

Una frenada brusca que el conductor del tot terreny va haver de fer per esquivar un cérvol la va tornar a la realitat, a la seva realitat.

De mica en mica es va anar posant a to.

De seguida van arribar a port i el cap de setmana que d'entrada li havia fet tanta basarda se li va acabar fent curt!

Hi donava voltes i, per més tombs que hi donava, no entenia perquè no podia passar-ho bé i xalar des del principi si, al capdavall, sabia que tot aniria bé, molt bé. Era un dubte que la rosegava per dins, l'angoixava. Amb la distància que donen els anys no acabava d'entendre com és que no va caure en una depressió.

Casualment, a la maleta hi va entaforar un parell de guions que el seu agent li havia fet arribar. La lectura d'un d'aquells originals li va començar a obrir la porta cap a l'esperança. La casualitat va voler que ensopegués amb un text en què la protagonista experimentava, com ella, un canvi d'actitud després de tenir les mateixes sensacions que feia temps que la feien anar de bòlit. Semblava el guió de la seva vida: les mateixes angoixes, idèntiques pors, els mateixos maldecaps però... amb una diferència substancial: el text plantejava la solució al problema. Va entendre que era com una revelació. Havia de protagonitzar aquella pel·lícula com fos. Si l'únic tractament per vèncer aquell problema era encarar-s'hi, combatre'l de cara, no defugir-lo i fer, justament, el contrari del que li demanaria el cos, ho faria.

No havia cregut mai en les coincidències ni tampoc en el destí, però només dos dies després d'haver pres aquella decisió va obrir la pàgina del diari i no va poder evitar pensar que no era normal tantes coincidències. Havia estat passejant la vista per sobre d'alguns titulars però de cop va fixar-se en un anunci: la publicitat demanava voluntaris per participar en un estudi sobre fòbies. Hi va trucar per demanar-ne informació i finalment va decidir acudir-hi. La van citar per a l'endemà mateix. Tenia una sensació estranya, agredolça. D'una banda, volia anar-hi, ho desitjava amb totes les forces, però, de l'altra, li feia por, respecte, fins i tot hauria reconegut un punt de pànic que es va esvair de seguida. No arribava a ser angoixa ni fòbia, senzillament anar-hi li feia respecte. Sabia que s'hauria de confessar, de despullar. Ho havia de fer si se'n volia sortir. Quan va arribar a la cita, li suaven les mans i les aixelles, però encara no sap com, el seu subconscient va decidir no donar importància a aquelles reaccions fisiològiques i, un cop li van donar la benvinguda i la van convidar a seure i a explicar-se, va començar a parlar sense entrebancar-se. Es descabdellava com un manyoc de llana. Xerrava sense interrupcions, s'anava obrint, no s'aturava: era com una cascada. Recorda que després de la seva primera confessió del problema va sentir un alleujament com mai abans havia sentit. Es va treure un pes de sobre que l'oprimia. I ho va aconseguir ella sola. No només n'estava orgullosa sinó que l'alleujament també era causat per una altra constatació: ella no era una cosa rara, com sempre havia temut. Les persones que se la van escoltar atentament li van dir que no estava sola i que no era l'única que li passava tot allò. «Te'n faries creus, de la quantitat de persones que per culpa de les seves fòbies són incapaces de sortir de casa seva», li va dir una de les expertes del centre. «Pots estar molt contenta perquè hi ha casos que la fòbia, la por, és tan gran que els paralitza, els deixa completament fora de circulació». I el més important, va rebre una important injecció de moral. La felicitaven per haver estat prou valenta d'afrontar-ho, reconèixer-ho i verbalitzar-ho: el pas més determinant per començar a fer desaparèixer les pors i les fòbies que la paralitzaven. Al cap d'uns vuit dies li van trucar del centre per donar-li hora. En aquella cita —la segona— li van comunicar que havia aconseguit entrar en el programa, que participaria en l'estudi. Tot i que també li van assegurar que els seus atacs i els seus nivells d'ansietat eren dels més baixos i que en comparació amb la majoria dels casos presentats hi entrava pels pèls. Però com que l'estudi havia de reflectir tots els nivells i la més àmplia representació de casos, havien trobat convenient incloure-hi el seu.

A grans trets, l'estudi consistia a sotmetre l'individu a una sèrie de situacions fòbiques que anaven de menys a més dificultat. Més endavant es valorava la resposta i la reacció de l'afectat. S'avaluava com s'havia reaccionat davant d'aquelles exposicions i a l'augment dels nivells d'ansietat. L'actriu va ser capaç, després de molt de temps, de fer coses que s'havien convertit en impensables. Utilitzar els microbusos de l'estudi per assistir als platós de rodatge, confirmar i no anul·lar per una misteriosa indisposició la seva presència a una estrena i presentar-s'hi segura d'ella mateixa, dinar o sopar enmig d'una multitud...

De mica en mica, es va anar animant i va aconseguir fer, anar o participar en actes i esdeveniments impensables només uns mesos enrere. El que hauria estat una autèntica proesa, ara eren accions gairebé quotidianes. Quan va haver acabat la seva participació en l'estudi era una dona nova, capaç de dominar el seus nivells d'angoixa fins al punt de recuperar la llibertat per poder assistir allà on s'ho proposés: un sopar, una estrena, una sortida de cap de setmana amb els amics o, senzillament, pujar al microbús per recórrer els dos quilòmetres que hi havia dels platós a la sortida dels estudis. Veure i ser conscient dels progressos que havia experimentat li feia mirar la realitat amb uns altres ulls. De fet, gosava, s'atrevia a mirar-se-la de cara, afrontar tots els reptes que volgués sense por, ni angoixes, fins a arribar a uns nivells d'ansietat pràcticament inexistents. Encara recorda que des del dia que va notar aquella sensació res a la seva vida no ha estat igual, per sort.

Ja havien passat uns quants anys des d'aquell estudi, de les experiències i dels resultats que li van representar un gir determinant, decisiu, en el procés de vèncer l'agorafòbia. I ara que afrontava un nou repte i que sabia que un sobtat atac de pànic o d'angoixa la podia desmuntar, sabia que no passaria perquè havia aconseguit una cosa que molt poques persones aconsegueixen. Ella va deixar de tenir por, por de la por. Va deixar de témer perquè hagués d'afrontar una situació complicada i amenaçadora. Un temor previ que és el quid de la qüestió: sense, no es desencadena tot el procés. Per això, ella sabia que s'havia de ser valent. No s'havia de tenir por, s'havia de sobreviure a pesar de la por, no gràcies a la por, la por no ens deixa ser lliures i ella ja hi havia tingut prou lligams. Estava a punt per enfrontar-se al món però no volia menjar-se'l, no fos cas que patís una indigestió. La por l'ha perduda, el respecte, no. I amb aquesta idea rondant-li el cap van sonar uns petits cops a la porta de la seva habitació.

—Estic a punt —va contestar.

—Senyoreta, l'esperen a la sala. Quan vulgui.

—Ara baixo— Va tornar a respondre. I es va aixecar en direcció a la porta.

Es va guardar la targeta de la porta de l'habitació i va fer cap a les escales. No li feia gràcia agafar l'ascensor però es va empassar la por i hi va entrar. Baixava cap a la sala de premsa i estava convençuda que encara que la pel·lícula pogués fracassar, pogués no tenir èxit, ella estava preparada per encaixar-ho perquè sabia que havia fet el seu millor paper, el de la seva vida, el que li havia salvat la vida.

Barcelona, 1964
Gemma Lienas

El dia que ell es va posar malalt va ser com si haguessin apagat el llum. Em va semblar que el pis es quedava a les fosques. És clar que em podeu demanar qui sóc jo per fer un judici tan taxatiu d'aquella situació que, al capdavall, a mi particularment em va comportar pocs canvis reals. Perquè jo vaig continuar tenint el meu plat a punt, les meves estones de lleure i les meves racions de moixaines... Però, què voleu, res no va ser ja igual que abans perquè, amb l'aparició dels símptomes, l'humor de la família va canviar i, de retruc, va enterbolir-se l'atmosfera. I és que, quan dic que vam perdre la lluminositat, ho dic en sentit metafòric, si s'entén el que vull dir: la vida va tornar-se menys alegre, més continguda. I això que fins aleshores la tranquil·litat havia estat sempre una quimera que només es materialitzava quan la canalla era al llit. Quatre nenes i dos nens són moltes criatures perquè en una casa hi predomini el silenci. I no obstant això, quan ell es va posar malalt, les criatures van aprendre a jugar sense fer soroll.

Segons ells dos, l'home i la dona, l'inici de la malaltia va ser sobtat i molt inesperat, tot i que ell podria arribar a admetre que els episodis d'insomni de les matinades de l'últim mes tal vegada l'haurien d'haver alertat. Ell, que sempre havia dormit d'una tirada, es va trobar amb els ulls oberts a partir de les cinc, un dia i un altre i tots els altres. Amb tot, no havia considerat que pogués ser un indici de cap problema de salut; si per cas, una molèstia empipadora. Si m'ho haguessin demanat a mi —i ningú no ho va fer—, hauria dit que ja s'olorava que alguna cosa estava a punt de produir-se. I quan dic que s'olorava vull dir exactament que l'olor d'ell havia canviat. Per sota de la seva colònia habitual, jo notava a la seva pell uns efluvis lleugerament dolços, com els de les castanyes torrades, que em van indicar que devia estar malalt. Les malalties ho tenen, això de canviar l'aroma de les persones. Per exemple, un nen amb febre fa olor de curri i una criatura que té diarrea la fa de mostassa. Però, ja us dic, la meva opinió no va ser requerida, de manera que no els vaig poder prevenir i el dia que ell va decidir no tornar-se a llevar, la dona no ho va entendre. D'altra banda, ell, que era l'afectat, tampoc. Només sabia que no tenia forces per a res, que es veia incapaç de sortir del llit i de fer front als problemes laborals del petit taller del qual era propietari, que tant se li'n donava tot i que, sobretot, només volia que el deixessin en pau, que ningú no el molestés.

Ella, primer per solidaritat i més endavant per egoisme i carregada de raó —la família, econòmicament parlant, anava a la deriva—, entrava a l'habitació per provar de convèncer-lo. Li deia que, tanta voluntat com havia tingut sempre, només que fes un esforç i es sobreposés a aquella mena de deixadesa... Les seves paraules no obtenien cap resposta, perquè ell, gairebé catatònic, amb prou feines movia molt lleument les parpelles per dir que no l'emprenyés més. Ella no tirava la tovallola així com així. S'hi estava molt estona, al seu costat, asseguda a la petita butaca on hi havia encara la roba que ell hi havia deixat la nit que es va ficar al llit per no tornar-ne a sortir en una bona temporada. Ella havia enretirat una mica els pantalons per no rebregar-los més i s'havia recolzat al respatller. De tant en tant, ella tancava els ulls, com si dormís. Jo, però, sabia que no ho feia. Quan els tornava a obrir, se'l mirava a ell fixament i li parlava. Li insistia perquè fes un esforç i sortís del llit. «Almenys per dutxar-te i afaitar-te, home...!», deia.

En aquell punt, jo li donava tota la raó. Ell, que sempre havia estat molt polit, feia fàstic. Amb la barba d'uns quants dies, els cabells greixosos i esbullats de tant arrossegar-los pel coixí, el pijama arrugat com si fos una pruna seca... El pitjor de tot, però, era la barreja de ferums que deixava anar. I us ho dic jo, que tinc un olfacte fi i a la vegada avesat a un espectre amplíssim d'olors. Puc aguantar des de l'olor d'una escola plena de pàrvuls pixaners fins a la d'una aula amb adolescents de peus suats i vambes massa tancades. La mala olor d'ell, en canvi, feia de mal suportar. D'una banda, l'alè agre d'estómac buit —perquè tampoc no menjava. De l'altra, l'olor de cos suat i arrebossat amb aquells llençols que també brutejaven. I finalment, tot plegat es barrejava amb l'aroma de castanyes torrades. El resultat no era gens agradable. Amb tot, jo no em movia del seu costat, damunt del llit; creia que em necessitava. La lleialtat per damunt de tot!

Quan ella, cansada, sortia de l'habitació, ell em mirava com si només jo el pogués comprendre. I el comprenia, de debò. No pas perquè m'expliqués res, sinó perquè notava el seu sofriment com si fos meu. Intuïa que ell se sentia ficat en un pou —pudent, hauria afegit jo—, la foscor del qual era absoluta. Si alçava la vista cap a la boca del pou, ell tampoc no hi veia llum, com si la tapés una nuvolada densa de tempesta. I per acabar-ho d'adobar, no tenia ni la més mínima idea de què podia fer per sortir-ne. D'altra banda, saber-ho tampoc no l'hauria ajudat gens, perquè no tenia esma per a res, no es veia amb cor de fer cap gest. I és que per pensar, prendre decisions i actuar calia posar en marxa una maquinària que, en el seu cas, havia deixat de respondre com sempre. Posem per cas que volia tombar-se de costat al damunt del llit, doncs, l'ordre no arribava al cervell o, si hi arribava, ni cames ni braços no es bellugaven. I després d'uns breus instants pensant-hi, la seva ment es dispersava —mantenir l'atenció en una idea concreta també requeria una energia de la qual no disposava— i s'oblidava d'aquella ordre formulada però no executada. Fins que el costat esquerre li feia mal i la molèstia li recordava que volia girar-se i, així, torna a començar. En algun moment donat, després que l'ordre hagués fet moltes anades i vingudes per les neurones, circulant per les sinapsis a una velocitat més pròpia de primats inferiors, arribava a comunicar l'impuls nerviós al cos i, lentament, invertint uns quants minuts en l'operació —a risc de perdre'n el fil— s'acabava instal·lant sobre el maluc i l'espatlla dreta i tornava a agafar la posició fetal. Hauria donat qualsevol cosa per ser un fetus, un nonascut. Perquè fins i tot la idea del suïcidi li resultava ingrata: treure's la vida representava una feinada que ell no podia dur a terme. Morir-se espontàniament era allò que més desitjava, però s'adonava que el seu cos no tenia cap intenció de fer-li aquell favor. De manera que imaginava l'estat més pròxim a l'ataràxia com l'embrionari, quan encara el sistema nerviós no s'ha desenvolupat.

Alguna vegada, em parlava. Podia dir-me, per exemple, que tenia l'ànima malalta. Així era com definia ell el seu problema de salut. A mi, m'hauria agradat demanar-li com ho sabia, però no l'interrompia per por que deixés de parlar altre cop. Ell es tocava alternativament el pit a l'alçada del cor i la part frontal del cap i repetia que tenia l'ànima malalta, amb la qual cosa jo interpretava que ell creia que tenia l'anima dividida entre dues zones corporals. Jo, això de l'ànima, no ho veia gaire clar. A mi, em semblava que ell tenia una malaltia com qualsevol altra, posem per cas, la diabetis. A un diabètic no li funciona el pàncrees i, si vol metabolitzar bé el sucre, ha d'injectar-se insulina. De la mateixa manera, n'hi ha d'altres a qui no els rutllen bé els neurotransmissors i han d'empassar-se píndoles per regular l'estat d'ànim. Ni ell ni ningú, però, no em va demanar ni aleshores ni mai que emetés un diagnòstic i, doncs, jo em limitava a escoltar que tenia l'ànima malalta.

Amb tot, el cos d'ell continuava tenint funcions corporals, almenys algunes, perquè d'altres les tenia completament oblidades. Per exemple, havia gairebé oblidat que el cos necessita alimentar-se i es limitava a beure aigua amb gas a grans dosis. També semblava que tingués anestesiat el sexe i ja no li interessava copular. Però, esclar, tants litres d'aigua carbonatada tenien un efecte col·lateral que exigia ser satisfet de manera imperiosa. «He d'anar a pixar», em deia tot d'una, mentre em mirava amb ulls envejosos. «Qui pogués ser un gos...» Jo no em molestava a retopar-lo perquè era obvi que en aquella i a la majoria de cases els gossos esperen que els treguin a passejar per ferho. I ell es llevava per anar al bany, moment que ella aprofitava per demanar-li que passés per la dutxa, que anava fet una xarxó i la pudor era ja irresistible.

Ella aprofitava la treva passatgera i corria a obrir la finestra del dormitori de bat a bat per airejar-lo bé i canviar els llençols del llit, mentre es preguntava com havien anat a parar allà on eren, què se n'havia fet d'aquell home que ella havia conegut i amb el qual s'havia casat, tan treballador, tan devot de la seva família, tan orgullós del seu taller, tan pulcre i tan perfeccionista. I es demanava fins quan duraria tot allò i com s'ho faria ella per tirar endavant la casa, les sis criatures i el taller... Sobretot el taller! Des del primer dia, ells dos s'havien repartit les tasques: ella, la família i ell, guanyar els calés. Ara que ell no semblava disposat a mantenir la seva part del tracte, ella no es veia amb cor de substituir-lo al taller. Ho ignorava tot: el sistema de producció, els noms i les adreces dels clients i dels proveïdors, les martingales de la comptabilitat... I les criatures, tan petites com eren. La gran acabava de fer els onze anys i la petita amb prou feines arribava als dos.

Ell tornava del bany i s'acotxava de nou esquivant els intents desesperats d'ella per retenir-lo fora del llit a base d'exposar-li els seus pensaments, les seves pors. Ell, abans de sumir-se altre cop en el seu estat letàrgic, responia: «Sóc un miserable. No serveixo per a res. M'he convertit en una desferra humana».

De vegades, anant al bany es trobava amb alguna de les criatures. Si era la gran, aprofitava per dir-li que havia de deixar d'anar a l'escola, que no tenien diners per pagar-la, que estaven arruïnats. I prosseguia el seu camí arrossegant el peus, mentre la criatura es quedava palplantada al lloc, veient visions. Tenia constància que el pare havia deixat d'interessar-se pels resultats escolars, però ¿fins al punt d'obligar-la a abandonar els estudis...? En moments com aquell, jo permetia que ell anés sol a pixar i m'aturava per mirar de fer costat a la canalla. Aquelles criatures necessitaven amb urgència una moixaina, i del seu pare, francament, no en podien esperar cap. Ell probablement les devia continuar estimant però, a jutjar per les nul·les manifestacions externes, jo no creia que ho sentís ni tampoc que ho recordés.

Amb el temps, els millors amics d'ell, d'ella o de tots dos van passar per aquell dormitori tan poc ventilat per provar de fer-lo llevar, però cap de les amistats no ho va aconseguir. Ell se'ls mirava a tots amb la seva màscara fixa de tragèdia grega, sense obrir la boca, gairebé sense parpellejar i amb el cap buit de pensaments, excepte un que, de tant en tant, apareixia: «Toqueu el dos i deixeu-me en pau».

Un dels amics va reconèixer aquella malenconia tan intensa perquè no feia gaire que un parent seu havia passat per un estat similar. «Això és una depressió», va dictaminar. I els va donar l'adreça del neuròleg que s'havia ocupat amb èxit del parent deprimit.

Ell va accedir a llevar-se per a anar al consultori de l'especialista, com també, després, va acceptar de prendre la medicació amb precisió litúrgica perquè —això se li havia de reconèixer— era un pacient exemplar que mai no es va saltar ni una sola de les píndoles que li tocaven.

Passaven les setmanes, els mesos, i res no canviava: ell continuava al llit; jo, ajagut al seu costat; i ella, entrant i sortint de l'habitació, dividida entre tots els seus rols i sense saber què dir quan trucaven els operaris del taller per demanar directrius ni què faria quan s'acabessin els calés del banc.

I un dia ell, es va llevar i es va asseure en una de les butaques de la sala. Aquell canvi els va agafar a tots per sorpresa, excepte a mi, que ja feia dies que havia notat que l'olor d'ell havia començat a canviar. Primer, les variacions eren tan subtils que jo només les copsava intermitentment. Tot d'una, captava a l'aire una certa aroma de mandarines, però, de seguida, la bafarada es perdia sense deixar rastre. Fins que va adquirir consistència i persistència i em vaig adonar que l'olor àcida de mandarina sortia de l'epidermis d'ell. Vaig imaginar que, si desapareixia l'olor de castanyes torrades per donar pas al perfum cítric, era perquè la depressió s'estava evaporant. Ara es posarà bé, em vaig dir. Amb tot, em sorprenia que no recuperés la seva olor de sempre, però vaig suposar que la química deglutida al llarg d'aquells mesos havia introduït variacions olfactives. I no m'hi vaig amoïnar gens. Ho reconec: en aquest punt, la vaig vessar.

A la butaca de la sala, amb la bata damunt del pijama —totes dues peces li anaven balderes ja que havia perdut molt de pes—, va començar a sortir del seu mutisme. Aleshores li exigia a ella que s'estigués al seu costat. I parlava molt i, a més, a una velocitat vertiginosa, tant que no tenia temps d'empassar-se la saliva i se li formaven dues petites acumulacions d'espuma blanca, una a cada cantó dels llavis. I un dia, no content de xerrar pels descosits, es va posar a cantar. Va ser sota la dutxa —perquè, a hores d'ara, ja havia renunciat al pijama i es vestia amb roba de carrer— i a tota potència, tanta que ni ella ni jo no vam poder ignorar-ho. Ens vam mirar, ens vam interrogar amb els ulls i vam concloure, sense paraules, que aquell bolero a tants decibels només podia tenir una significació: la medicació estava fent efecte i aviat la depressió no seria més que un mal record. Jo em sentia molt feliç i ella, em consta que també. I encara ens hi vam sentir més quan ell va determinar que havia arribat el moment de fer cap a la feina. Aquell vespre va tornar a casa exultant. Estava ple de projectes.

«Ampliaré el taller, diversificaré una mica el negoci, compraré una furgoneta nova, contractaré dos treballadors més...». Ella vacil·lava. «¿Vols dir? ¿No seria millor que t'esperessis una mica, que tot tornés a rutllar com abans?». I ell, que no, que volia recuperar el temps perdut i que estava ple d'idees, totes brillants i totes giravoltant sense descans pel seu cervell esperant a ser posades en pràctica. Ella, malgrat que no reconeixia en aquell ésser audaç el seu home prudent de tota la vida, estava contenta de veure que tot tornava a rutllar.

L'olor de mandarina s'intensificava dia a dia i jo vaig començar a malfiar-me'n. Sobretot perquè l'aroma anava acompanyada d'unes alteracions en el comportament d'ell cada cop més evidents. A les nits no dormia. Deia que no ho necessitava, que podia viure gairebé sense descansar... Feia broma i explicava que potser era una conseqüència de tots els mesos precedents esmerçats al llit. I es passava la nit escoltant música, pel meu gust a un volum exagerat. Ella era de la mateixa opinió, però no li podia fer cap advertència perquè ell tenia unes reaccions molt irades. Cridava: «Sóc a casa meva! ¿No puc posar la Tebaldi al volum que em passi pels collons?». Els veïns van opinar que no, que no era raonable poder escoltar l'obertura de *Tannhäuser* des de tres pisos més amunt a les quatre de la matinada. «Cony de cony i de recontracony!», s'esgargamellava ell.

Que deixés anar paraulotes era una nova raresa. Com les nits en blanc, els soliloquis inacabables i gairebé incomprensibles —parlava tan de pressa que es menjava moltes síl·labes i amb prou feines se l'entenia—, la violència de les seves respostes i fins i tot de les seves accions, perquè sovint pegava a les criatures per la mínima fotesa. Un dia, la més gran de totes es va endur una autèntica pallissa per haver vessat cocacola damunt del sofà. I aquell va ser el tret de sortida perquè la canalla li tingués autèntic pànic: quan sentien la clau d'ell al pany de la porta d'entrada, corrien a amagar-se a les habitacions. Aleshores ella va determinar que allò passava de la ratlla i que havien de demanar visita al neuròleg.

El neuròleg va ser testimoni de la transformació del seu pacient: parlava amb molta animació, tenia plans de futur, volia recuperar el temps perdut, estava molt content, havia recobrat l'autoestima i també la seva vida sexual, menjava amb normalitat... «¿Què més vol, senyora?», va dir el neuròleg. I va dictaminar que l'home estava curat. Ella va dir: «¿Vol dir que està curat? Si no s'assembla de res al meu home d'abans...». Però l'especialista, amb aire paternal, li va respondre: «Faci'm cas, passin-s'ho bé ara que poden; ja veu que la vida és molt imprevisible».

Van sortir de la consulta, ella, amb l'ànima els peus i ell, amb l'ànima incandescent. Ell li va dir que volia anar a comprar unes coses per celebrar que ja estava bo. Tres hores més tard, quan va aparèixer per casa, ens va fer asseure a tots —la dona, les quatre nenes, els dos nens i jo mateix— a la sala i va repartir una pila de paquets. N'hi havia d'enormes: una casa de nines, una bola del món, un garatge de tres plantes... Les criatures es van tornar boges. Allò era molt millor que la nit de Reis! I el seu pare, més genial que Baltasar! A ella li va donar un paquet molt petitó. Ella dubtava, no sabia si obrir-lo. «Va, dona, ja veuràs com t'agrada», va dir ell. Ella va sospirar i va desembolicar una capseta de vellut blau cel. Durant uns segons va mirar-se aquell estoig com si li fes por i, finalment, deixant anar un sospir, el va destapar. A dins hi havia una maragda de la mida d'un cigró. Era al capdamunt d'un anell, envoltada de brillants. «Au, posa-te'l», va comminar-la ell amb impaciència, perquè ja es veia que havia estat esperant una altra reacció. La quitxalla, en sentir el to, es van alçar i van començar a moure's sigil·losament cap a la porta. Ella es va col·locar l'anell al dit. Li anava bé. «¿Que no tens res a dir?», va retronar ell. Ella, amb una veu força prima va respondre: «És bonic, però no té cap mena de lògica».

Lògica no era el que abundava en aquella casa, i encara menys n'hi va haver al llarg de tot l'estiu, temps durant el qual ell va arribar al paroxisme total.

Calia moure's i es movia: va fer uns quants viatges a França i uns quants més al sud, sempre conduint a una velocitat molt superior a la permesa i molt per damunt del que raonablement podia aguantar el cotxe familiar, que no era precisament un últim model. A dins, tots anàvem morts de por.

Calia comprar i comprava sense aturador: una màquina de tallar gespa tot i que no teníem jardí; una enciclopèdia en alemany encara que a casa ningú no coneixia aquella llengua; una Zodiac, que ningú no podria fer servir mai perquè no hi hauria la més mínima oportunitat de navegar...

Calia tenir idees i en tenia a dojo: «Pintarem la casa, matricularem les criatures a classes de piano, aquest hivern anirem a esquiar, instal·larem un equip de música al bany...». Esclar que tan aviat com havien estat enunciades desapareixen sense deixar rastre. Afortunadament, pensava ella.

I no calia però ho feia: es barallava amb tothom, especialment quan conduïa i quan arribava a casa. Deixava anar els renecs més peregrins i recargolats que imaginar-se es pugui. Clavava calbots i patacs a les criatures, que li tenien autèntic terror. Menjava embotits i formatges a un ritme frenètic. I, en general, es considerava el paio més enginyós i atractiu de la comarca, qüestió sobre la qual s'abstenia de demanar el parer dels altres. I en la meva opinió, era millor així.

Fins que un dia vaig pensar: això s'acaba. Perquè, efectivament, ell tornava a fer olor de castanyes torrades. I esclar que encara tenia logorrea i era hiperactiu, però jo creia que per poc temps. Dies més tard, va ser ella qui va adonar-se de la transformació. «Alguna cosa li passa», va anunciar quan va veure que ell es refregava les mans constantment i es convertia en una esfinx que mirava obsessivament un punt de l'infinit que coincidia amb la finestra de la sala. I ell no s'adonava que relliscava perillosament pel camí que desembocava al pou. Fins que hi va caure de ple i es va ficar al llit murmurant que era una desferra humana i que no servia per a res.

Aleshores ella va buscar un psiquiatre i va trobar un metge jove, que encara creia en moltes coses i que es va avenir a visitar-lo a casa. Dos mesos després de la primera sessió i, donat que els antidepressius feien el mateix efecte que l'aigua de Lourdes, va decidir administrar-li electroxocs.

Aquella tarda, el metge va entrar amb un aparell a la mà que a mi em va semblar una bateria de cotxe. El va deixar damunt del tocador i va dir: «Ara li donaré curare, per controlar els espasmes i que no se li trenqui cap os». Jo em vaig acoquinar i em vaig ficar a sota del llit perquè pensava que el volia enverinar tal com feien els indis de l'Amazones quan sucaven les puntes de les seves fletxes amb aquest verí. Ignorava que, ara, el curare era un medicament sintètic fabricat pels laboratoris occidentals.

Durant uns segons no vaig sentir res i em vaig alarmar. Vaig sortir de sota el llit. Ell tenia els ulls tancats. El jove doctor va acostar dos elèctrodes recoberts de gasa blanca a les seves temples i va prémer un botó de l'aparell del tocador. Ell va començar a tremolar violentament. A mi, se'm van posar els pèls de punta. Allò era un horror! No hauríem d'haver deixat que l'hi fessin.

Quan tot va acabar, ell va recobrar la quietud. Semblava un nen gran desemparat. Jo hauria volgut bordar-li: «No et desanimis, home. Segur que la medicina farà grans progressos i en el futur podrà ajudar-te». Perquè jo, això encara no ho havia dit, tinc una confiança diria que gairebé il·limitada en la ciència i el progrés.

Per fi, ell va obrir els ulls, però no semblava pas que em veiés. Vaig decidir fer-li una bordada curta per atreure la seva atenció, però parant esment de no inquietar el psiquiatre. Aquell paio que manipulava els elèctrodes amb tanta agilitat em resultava pertorbador.

De seguida que va sentir el meu lladruc, va allargar la mà per acaronar-me el pèl.

—Estel? —va dir.

Estel?, vaig pensar, perplex.

Em vaig ajeure a la vora d'ell perquè el meu llom li quedés ben arran i no hagués de fer gaires esforços per arribar a mi. Mentrestant, jo fingia una tranquil·litat que ni de lluny no sentia. ¿Com us hauríeu sentit vosaltres si us haguessin cridat amb el nom del gos que feia més de deu anys que era mort? Vaig voler creure que no era més que un lapsus. No podia ser que em confongués amb el meu predecessor, desaparegut d'aquella llar tants anys abans...

Aleshores, ella va entrar a l'habitació i, quan ell va parlar, jo no vaig poder continuar fent veure que no passava res.

Ella va dir:

—Estàs bé, amor?

I ell va respondre:

—Qui és, vostè?

Un pou

Carme Riera

«Per molt lluny que me n'hagi anat, a l'altra banda de món fins i tot, mai no he deixat de tenir la sensació que segueixo passejant per la Rambla de Barcelona, pel tros que des de la plaça de Catalunya va fins al carrer Fernando, que avui en diuen Ferran, però que a mi m'agrada anomenar Fernando, ja que fou en honor d'aquell rei infaust, Fernando VII, que el batejaren... D'allà vaig cap a la plaça de Sant Jaume i després fins a la catedral i em perdo pels carrerons del barri gòtic... És el meu itinerari ciutadà, el que més m' agrada de tots... Sovint, però, a totes les imatges positives dels carrers i la gent de la meva ciutat i d'altres ciutats estimades s'hi ha sobreposat el buit del meu pou, la impossibilitat de sortir, de llevar-me o fins i tot d'obrir el llum de la tauleta de nit. Jo que tant estimo la claror, la llum dels matins de quan era jove, la de la Mallorca que he posat als meus quadres, perquè sap?, jo pintava...

»Si he exposat, em pregunta?

»Jo no, el meu marit, sí. Moltes vegades. Ell era el conegut i reconegut, jo, què vol que li digui? Jo hauria pogut arribar a ésser-ho si no ens haguéssim casat... En casar-nos no m'hi vaig poder dedicar, només quan l'ajudava... És el que passava aleshores, si fos ara, seria diferent.

»Diu que hi sóc a temps? No, ja és tard, tinc molta feina en una retrospectiva de la seva obra... Si no ho faig jo, ningú no... No tenim fills, sap? Bé, en tinguérem una, una que no se'n pogué sortir. No tingué prou forces. Va morir, i no m'ho he perdonat mai. Va, va, va caure, va pensar que podria saltar, sap? Saltar, volar per la finestra i s'hi va llençar... Jo vaig encomanar-li les meves depressions, tot i que els metges diuen que les depressions no s'encomanen...»

Sentia encara la veu una mica apagada de la seva companya de cabina al vaixell que la dugué de Mallorca a Barcelona i que, en saber que era estrangera, volgué facilitar-li l'estada a la seva ciutat, donant-li un seguit de consells que començaven amb la visita a la Rambla i el recorregut d'un itinerari que ella, obedient, va iniciar de bon dematí, sense poder oblidar, però, les vivències de la desconeguda ni el seu sentit de culpa, tal vegada perquè també ella sovint es deixava embolcallar per les teranyines fosques de les aranyes dels malsons depressius.

Va caminar pels carrers de Barcelona amb curiositat de viatgera i no banauleria de turista, per tal de complir amb el primer precepte de la vella senyora que li havia dit que no li agradaven els turistes, però sí els viatgers, perquè només aquests es nodrien de les experiències dels viatges.

Mirava arreu i, en efecte, notava que la Rambla no era un racó de món, sinó el món mateix. Es fixava en els rostres de la gent, tan diversa, multiracial, mestissa. «Cap paisatge no pot comparar-se amb el que ens ofereixen les cares de les persones. I jo vagi on vagi sempre tinc present el de la meva filla», li havia dit ella, en acomiadar-se, després de tocar port. «Miri també les pedres, les façanes, badoqui davant les botigues, entri a les esglésies i olori les flors de la Rambla, un lloc on, abans, a qualsevol hora del dia o de la nit podies comprar diaris, perquè no tancaven... Prengui xocolata desfeta al carrer Petritxol. Vagi a la Sala Parés, el meu marit hi va exposar moltes vegades... La Parés fou la primera sala d'exposicions de la ciutat...»

Ella li havia dit que li agradava la pintura però que es dedicava a la fotografia. Amb la seva càmera intentava retratar l'ànima de les persones, arribar a la pell del cor i el mateix volia fer amb les ciutats que recorria, amb la intenció de preparar una exposició, de retorn a casa, a Gainesville, a la Florida, on havia nascut, feia trenta anys i a on encara vivia...

«I també escriu», havia aventurat la vella amb un punt d'ironia. «Perquè sinó no parlaria de la pell del cor ni de l'ànima de la ciutat»...

En efecte, escrivia, però això ho sabia poca gent. Ho feia per ella, quan necessitava que la realitat li fos més entenedora o volia traduir amb paraules alguna emoció massa forta i no caure en el buit de la depressió que sovint l'aclaparava tot i que ella no tenia cap sentit de culpa, ni se li havia mort ningú estimat...

Havia recorregut els carrers que la seva companya de viatge li havia marcat en un mapa, fotografiant tot allò que li cridava l'atenció: des de les torres de la catedral, fins cada un dels racons de la plaça de Sant

Jaume, des dels aparadors de botigues, antiquaris, llibreries de vell, cereries... fins al petit cafè de *Caelum*, on havia menjat pets de monja per primera vegada a la seva vida.

A la tarda, abans de tornar cap al port, s'havia assegut a les escales de la plaça del Rei per escoltar uns músics de carrer als quals també havia retratat... «Li agradarà Barcelona, n'estic segura», li havia dit ella. Sí, li agradava, sobretot l'aire mestís, mesclat, divers que havia intentat copsar amb el seu objectiu, però més encara la gent. «Cap paisatge no supera els rostres de les persones». La veu de la vella senyora li arribava altre cop de lluny... Però d'ella no en sabia res, ni tan sols el nom. «Cap paisatge no supera el rostre de les persones»... tornà a sentir a cau d'orella. Estúpida de mi, es digué, li hauria hagut de fer una fotografia... però de seguida rectificà, qui sap si no hauria retratat un pou tan fosc com una depressió.

6.40 P.M.

Maria Mercè Roca

7.10 a.m.

—Sents? Em sembla que plou.

L'Anna es gira cap a la finestra, aixeca una mica el cap del coixí i escolta, però no li sembla pas que plogui. Estira les cames i amb els peus toca el gat, que es posa a roncar fort. A sota la vànova s'hi està molt calent. El seu home engega la ràdio fluixet: li agrada anar-se despertant mentre li expliquen què passa al món. Ella se li acosta, li encasta la cara al coll i es concentra, els pocs minuts que li queden de ser al llit, a escoltar amb els ulls tancats la pluja que no acaba de sentir.

7.40 a.m.

La pluja ha netejat el carrer i la llum del fanal del davant de casa fa brillar les voreres. L'Anna assaboreix amb delit el cafè amb llet, se'l beu concentradament, sense respirar, la tassa sencera.

—Ahir em va trucar l'Olga.

L'Anna deixa la tassa a sobre la taula i mira el seu home amb prevenció. A la seva cunyada, que ell estima amb deliri, li han diagnosticat una hepatitis molt severa i la família està preocupada. Però el to del seu home és alegre.

—La vaig trobar molt animada —li explica—. Sembla que aquest tractament nou ha funcionat; diu que les últimes anàlisis li han sortit més bé.

—Ho veus? —diu ella abraçant-lo. S'estan en silenci, emocionats, agraïts a la vida, sabent que s'estimen i que són afortunats, sentint cada un el cos de l'altre, tan conegut i càlid, fins que la veu del seu fill, que ja s'ha despertat i els reclama des del pis de dalt, trenca l'encanteri.

7.50 a.m.

L'Anna s'asseu al llit i toca la cara del seu fill i el mira. Que maco que és, pensa. Li acarona la cara i ell s'està molt quiet i es fa l'adormit, com cada dia. Té les mans obertes a sobre el coixí i l'Anna s'adona que porta les ungles massa llargues: avui les hi tallarà, per molt que rondini. S'inclina a sobre seu i el comença a petonejar i a fer-li pessigolles. Al nen se li escapa el riure i de seguida obre els ulls, foscos i enormes.

—Saps, mama? —li diu tot satisfet—. Avui no he somniat res.

8.10 a.m.

Mentre el seu home prepara la motxilla del nen per a l'escola —el paper signat amb el permís per a les excursions, la bosseta amb l'esmorzar i el berenar, el dibuix que va acabar ahir—, l'Anna fa una llista de les coses de casa que s'han de fer. Apunta: tintoreria i súper. I al costat: llet, arròs, fruita, salsa de tomata, ous, filets de pollastre, menjar per al gat... El nen esmorza amb parsimònia mirant els dibuixos, amb el comandament de la tele ben aferrat a la mà perquè ningú no li prengui. El gat seu immòbil com una estàtua al costat de la tassa i espera amb paciència que la hi deixi escurar.

8.30 a.m.

L'Anna es posa la jaqueta nova, de quadres grisos, que té la gràcia de tenir les butxaques i els botons molt grossos. Es mor de ganes d'estrenar-la, però quan es mira al mirall pensa que s'ha abrigat massa. Amb una jaqueta més prima passarà, segur. Se'n posa una de blava de l'any passat. Ara sí. Es pinta una mica els llavis i es posa colònia al coll i a les mans. Va a buscar les sabates a l'habitació de planxar, hi passa una esponja per treure-hi la pols i, vestida i calçada, fa un cop d'ull a les habitacions. Tot endreçat, tot al seu lloc, tot net. Però sobretot tot al seu gust, tot harmoniós, tot agradable: els quadres penjats, la roba del llit, els llums, el color de les parets... Aquesta casa és una meravella, pensa.

8.40 a.m.

La pluja ha refrescat i sent l'aire a les galtes i les mans. Quan fa fresca ve més de gust de caminar, o sigui que decideix d'anar a peu a la feina. Travessa pel mig dels gronxadors del parc, enfila el carrer Migdia, tomba per agafar Joan Maragall, segueix recte fins la plaça Catalunya. De tant en tant s'atura a mirar els aparadors de les botigues, que encara són tancades. Veu ple de coses que li agraden i que voldria tenir: una bossa de mà de xarol, una bufanda gruixuda, un joc de cafè, una llibreta per prendre notes... Alhora que mira les vitrines es mira; s'agrada i somriu. Aquesta nit, pensa, si posem en Pau a dormir d'hora...

9.00 a.m.

A la primera planta de la gestoria tothom fa estona que treballa. Se sent de fons la remor dels teclats i converses que es barregen. L'Anna penja la jaqueta, s'asseu al seu lloc, engega l'ordinador... La Isabel, una companya del seu mateix departament, com cada matí, la posa al corrent de les trucades que hi ha hagut mentre ella no hi era, perquè l'Anna ha reduït la jornada de treball ara que el seu fill encara és petit. Té vuit missatges a l'ordinador; primer els llegeix tots, després els contesta per ordre, donant la informació que li demanen, aclarint dubtes, passant pressupostos... No li agrada retardar les respostes: a la gent li agrada saber que has rebut el missatge, que per a tu és important i te n'ocuparàs. Una vegada fet això agafa de la cubeta una carpeta que diu «Nusos», és a dir: aquells temes tan complicats de desfer en què has d'anar estirant els fils amb molta habilitat i sobretot molta paciència. N'hi ha cinc. Agafa el primer i s'hi posa amb tota la concentració de què és capaç. S'ha proposat arribar a divendres, pel cap baix, amb tres nusos desfets.

2.10 p.m.

El matí ha passat volant, l'Anna a penes s'ha mogut del seu lloc i ara que és l'hora de plegar pensa que no li ha anat gens malament: està satisfeta de les gestions que ha fet i del resultat que n'ha obtingut. Quan surt al carrer, com sempre, li sap greu no haver agafat el cotxe; ara té gana i ganes de ser a casa aviat. Desfà el camí que ha fet a quarts de nou, ara més de pressa. Un cop a casa, dóna menjar al gat, que se li refrega per les cames i li omple de pèl els pantalons, després escalfa al microones el rostit d'ahir, posa unes fulles d'enciam en un plat, esbandeix a raig d'aixeta un gotim de raïm, omple un got d'aigua i s'instal·la amb una safata als genolls al sofà. Dina mentre mira la telenovel·la, que en un parell de seqüències la fa emocionar.

3.00 p.m.

Com que el seu home no ve mai a casa als migdies, es truquen sempre pels volts de les tres per parlar una estona: ell li explica que el nen ha anat content a l'escola, que avui ha estat un dia de molta feina, que aquell client difícil finalment ha signat, que a la nit li agradaria que miressin junts una pel·lícula molt bona que té gravada; ella li explica el que li pensa fer al nen per sopar, que té ganes que arribi el cap de setmana, que li ha trucat la seva amiga i han quedat per sortir la setmana que ve, que troba que aviat hauran d'encendre una mica la calefacció. Abans de penjar, l'Anna li pregunta si anirà a la tintoreria. Sí, li diu ell. Doncs jo aniré al súper, afirma ella.

5.15 p.m.

El nen berena assegut a terra mentre fa córrer els cotxets, que llisquen suaument a sobre del parquet.

L'Anna deixa un moment sol el seu fill i aprofita aquesta estona de calma per despenjar les peces de la sisí que ja són eixutes, plegar la roba interior, guardar la que s'arruga perquè la Rosa ho planxi l'endemà, i distribuir la roba plegada als armaris de cadascú. Després agafa la novel·la que té a mig llegir, s'instal·la a la butaca i se submergeix en les vicissituds del protagonista, un home ambiciós i moralment reprovable. Al cap de quatre pàgines justes el seu fill la reclama: s'ha cansat de jugar sol. L'Anna tanca el llibre pacientment i es posa a jugar-hi. Es reparteixen els cotxes: el nen, el vermell i el groc; ella, el blanc i el negre. Els cotxets del nen sempre són més veloços que els de la seva mare, i això el fa riure molt. L'Anna troba que, quan riu, el nen és igual que el seu pare.

6.00 p.m.

La mare de l'Anna fa dos dies que no veu el seu nét i no pot esperar més. Arriba a casa la seva filla amb una bossa de mandarines clementines, una mica àcides segurament, però fan l'olor i la il·lusió de la fruita primerenca. El nen s'asseu a la falda de l'àvia i balanceja les cames amunt i vall mentre canta fluixet. Mare i filla parlen de coses quotidianes: la cremallera de la jaqueta del xandall de l'escola, que s'ha de canviar; els tiets de Bàscara, que vindran diumenge a passar la tarda; el veí de sota, que té noranta anys i encara surt cada dia a comprar el diari; les quatre gotes que han tornat a caure aquesta tarda, les sabates que se li han de comprar al nen.

6.30 p.m.

Al supermercat hi han fet obres de fa poc, han redistribuït l'espai i han obert seccions noves, i encara hi ha productes que l'Anna no sap on són exactament. Porta la llista a la butxaca però no la treu, la repassarà en acabar per assegurar-se que no s'ha deixat res, ara simplement empeny el carro pels passadissos, mirant a dreta i esquerra i agafa només els articles imprescindibles perquè, tot i que la seva mare s'ha ofert a quedar-se amb el nen tanta estona com calgui, l'Anna té ganes de tornar a casa aviat.

6.40 p.m.

L'Anna agafa dos paquets de llet, dubta, i n'acaba tornant un a la prestatgeria: a casa encara n'hi ha un parell i no vol anar gaire carregada. En deixar el bric al seu lloc sent que alguna cosa no va bé. No sap què és, però alguna cosa ha canviat a dintre seu, i tota ella es posa tensa i alerta. Se sent tota suada i veu que les mans li tremolen una mica. *Quina sensació més estranya i més desagradable,* pensa amb inquietud. *Què em passa?*, es pregunta. Cap enfora tot és igual que fa una estona, la gent empeny els carros, els altaveus anuncien productes d'oferta i uns quants clients fan cua a la peixateria. És a dintre seu, que té la sensació que està a punt de passar-li alguna cosa molt greu. La pren una por immensa i ara tremola tota ella. Treu els ulls de l'expositor de la llet i mira enllà, cap on hi ha les neveres i els congeladors: els veu borrosos. Parpelleja per fixar la visió, però no ho aconsegueix; tanca un ull primer, després l'altre: quan els torna a obrir tots dos el congelador de més a la vora ha perdut els contorns i ara en veu dos, superposats, que es belluguen una mica. Sense més, comença a sentir un xiulet a l'orella dreta, fort i agut, molt molest, alhora que el cor li comença a bategar violentament. L'Anna està terroritzada i sent que perd el control, *però què em passa, què em passa?* El cervell li va a cent per hora, sap que és al súper però alhora li sembla que no sap ben bé on és, *què em passa?*, cada vegada els batecs del seu cor sonen més forts i més desordenats, i li retrunyen al coll i a les temples. Torna a tancar els ulls. *Déu meu, què tinc?*, es torna a preguntar morta de por, i sap que és una cosa molt greu, perquè ara comença a tenir serioses dificultats per respirar, s'ofega, obre la boca, infla el pit buscant més aire, més aire, però l'aire no li arriba als pulmons, no en pot agafar prou, per molt que ho intenti. *M'ofego, m'ofego.* Respira amb la boca oberta, llastimosament, com un peix fora de l'aigua, cada vegada més de pressa, inspira, inspira, inspira, però el pit no es vol omplir, no se li eixampla, se li ha fet petit, se li està tancant. *M'ofego*, diu en veu alta, però amb les tenalles que li estrenyen el coll la veu no li surt. Les mans li suen tant que li rellisquen de la barra del carro, on s'aferra per no caure. Li fa mal el braç dret; se'l toca i li sembla de suro. Mira el passadís a dreta i a esquerra: és llarguíssim, està atrapada, no pot fugir, ni cridar, ni demanar ajuda. *Que algú em tregui d'aquí*, suplica sense veu, *traieu-me d'aquí, m'ofego, m'ofego, quin mal el pit, tinc un atac de cor, em moriré, no veuré més el nen.* Passa una de les treballadores de l'establiment pel seu costat i l'Anna, fent un esforç titànic, estira el braç i la toca. No cal que digui res; la noia s'adona del terror que hi ha escrit al seu rostre, de les pupiles dilatades, les galtes pàl·lides, la boca estranyament oberta, el pit que lluita per omplir-se.

—Es troba bé? —li pregunta, i l'Anna se li aferra al braç, *què dec tenir, estic fatal, déu meu, que pari tot això, quin mal el cap, i quin mareig,* i es deixa portar per aquella noia, confusa i marejada, fins al carrer.

L'ajuden a trucar al seu home al mòbil.

—Però què tens? —li pregunta, espantat per aquella veu que a penes entén.

—Vine'm a buscar; m'estic morint —li diu, i es posa a plorar desconsoladament.

L'Anna va tenir el seu primer atac d'angoixa als 34 anys, el 19 d'octubre de 2007, a les 6.40, al supermercat del costat de casa seva.

Com un cel d'estiu

Sílvia Soler

L'Elvira els ha convocat tots amb un sms lacònic i sense vocals. Han contestat l'un rere l'altre, i tots afirmativament. L'Elvira ha enviat un altre missatge al cap d'una estona: Mlt b! Ptns. No ha detectat cap mena d'entusiasme però, què vols?, són una colla d'adolescents desganats, apàtics i mandrosos. Com correspon.

L'Elvira està convençuda, tanmateix, que els del grup s'aprecien, encara que de vegades no ho sembli, i que es troben a faltar. Tenen ganes de veure's. Però no en tenen ganes. Voldrien veure's en un altre lloc, per parlar d'altres coses, per fer altres coses. Però tot i així vindran. Després d'un dia sencer de dubtes i vacil·lacions. Després de barallar-se amb ells mateixos. Després de cedir i desmuntar-se. Després de refer-se. Vindran, i això és l'únic que compta.

Arribaran per separat, uns puntuals o abans de l'hora, d'altres amb retard. Obriran la porta amb timidesa, com si no sabessin què els espera a l'altra banda. L'Elvira els rebrà un per un amb el somriure més ample que pugui dibuixar. Observarà els seus rostres i a primer cop d'ull sabrà com ha anat el mes que han passat sense veure's. En els ulls apagats o massa brillants, en el to de veu —exaltat, pansit, tremolós, urgent, concentrat, terriblement trist—, en els cabells —potser recollits en una trista cua al clatell o bé mudats en la crinera rossa que flameja lliurement.

Alguns hauran superat amb èxit aquests trenta dies. Amb èxit, és a dir, sense cap recaiguda, mantenint-se en tensió sempre o, potser, qui sap, amb petits moments de descans, com llumenetes en una nit fosca. D'altres han passat grans entrebancs, o potser no tan grans, però estan cansats d'aquesta lluita eterna, permanent, esgotadora.

La saludaran: els més afectuosos amb un petó a la galta, oferint-li la mà oberta per xocar-la, tustant-li suaument l'espatlla. D'altres es limitaran a un petit moviment de cap abans de seure, o a un hola tan discret que ella no arribarà a sentir.

Els convidarà a xerrar una estona entre ells abans de començar. Se sentiran murmuris, potser alguna rialla. Faran petits cercles de tres o quatre, algun que quedarà despenjat i ella que s'hi asseurà a prop de seguida. Parlaran dels fitxatges del Barça, de la salut de l'Amy Winehouse, del Metal Gear Solid 4 de la Play-3, dels exàmens.

Al cap d'uns minuts, l'Elvira els convidarà amablement a seure en rotllana. Ho faran entre cops de colze i petites rialles. Ja s'han adaptat a estar junts. Han aconseguit una certa naturalitat. S'hi senten còmodes, més o menys.

Els té al seu costat, al davant, en diagonal. Els abraça amb una sola mirada: tots asseguts amb la indolència pròpia de l'edat. I aquestes mirades que haurien de ser tan llises, transparents, nítides. Haurien de ser lliures i vitals, despreocupades. Absència total d'ombres, com un cel d'estiu.

Però no n'hi ha cap que sigui un cel d'estiu. La majoria amenacen tempesta i algunes simplement es deixen bressolar pels núvols plens de melangia, sense acabar de fer net.

Les veu com petites fitxes d'un joc de dòmino, totes de la mateixa mida, impecablement ordenades a la capsa de mides exactes o disciplinadament col·locades a la fila damunt la taula.

Si estan juntes fan goig i sembla que es facin companyia, però si una rep un copet, encara que sigui imperceptible, potser un buf d'aire, en la caiguda colpeja l'altra, i la segona s'endú la tercera, i la tercera arramba amb la quarta i...

—A veure, qui comença? M.?

Una noia rossa mou desesperadament el cap en sentit negatiu i el pànic es passeja pels seus ulls de resquitllada.

—D'acord, d'acord. Doncs... Potser tu, G.

En G. envermelleix tot d'una. Es mira les sabates amb una atenció desmesurada, com si les veiés per primera vegada. Després, en un gest involuntari, es mira les mans.

L'Elvira li pregunta com ha anat el mes. Amb un to volgudament lleuger, com si fos una pregunta convencional de pura educació, com si no hi hagués res que hagués pogut anat malament, com si no hi hagués dotze persones escoltant-lo.

En G. s'escura la gola i, abans de començar a parlar, es torna a mirar les mans. És un gest que resulta obscè per tota la vergonya que acumula, una confessió pública dels seus pecats. Ho he tornat a fer, no me n'he sortit, mireu com tinc les mans, encetades, escorxades, vermelles com les seves galtes.

Mentre el noi obre les mans al seu davant, els dits estirats, els palmells a la vista, una exposició impúdica del seu fracàs, els seus companys es mouen a les cadires, encreuen les cames i les desencreuen, es graten els clatells, s'aparten el serrell dels ulls, estrenyen les mandíbules i fan xerricar les dents. Són els sorolls del neguit. L'Elvira fa com si no sentís res. Mira en G. amb atenció, disposada a escoltar-lo, fa relliscar al seu damunt una mirada que és com una manyaga.

I el noi comença a parlar. Primer a batzegades, amb grans silencis, quequejant una mica. Després agafa embranzida i deixa anar un doll de paraules entortolligades que a poc a poc va agafant coherència.

Parla dels pensaments reiteratius, de les obsessions, de les inseguretats, de la falta de concentració, de la necessitats de rentar-se les mans vuit, tretze, dinou, trenta vegades. Mentre parla es frega les mans com si les hagués posat a sota d'una aixeta imaginària. Aigua i sabó. Rentar, fer net, fregar, esborrar l'angoixa.

Les respiracions es van agitant progressivament, gairebé al mateix ritme que la d'en G. L'Elvira aprofita alguna pausa per fer una pregunta. El noi respon. Ara la R. intervé, li assegura a en G. que el veu millor que el mes passat. Ja no tens ferides als palmells. Estàs millor. El vol convèncer. Es vol convèncer.

—I tu, R.?

En G. descansa la musculatura de l'esquena, alliberat. Busca una posició més còmoda. Mira la R. i la compadeix, ara li toca a ella.

La noia comença amb la veu clara i segura. «He guardat les samarretes de bàsquet a l'armari sense ordenar-les per colors. Ho puc demostrar. Veniu a casa, si voleu!».

És un to provocador, a mig camí de la rialla. L'Elvira enceta un somriure i els altres riuen, relaxats. La R. té molt de sentit de l'humor, és una noia divertida, tothom ho sap. Només ella sap que no ho és gens. Que la seva vida no és divertida, la seva vida és una immensa angoixa. Posar els bolígrafs per ordre a l'estoig, classificar els papers damunt la taula, plegar les tovalloles, ordenar el calaix de la roba interior, plegar i desplegar jerseis, col·locar els peluixos sempre amb la mateixa distribució... La seva habitació és una obsessió completa. Així no hi ha qui es concentri per estudiar, així no hi ha qui tregui bones notes, així no hi ha qui arribi a ser pediatre.

El monòleg de la R. ha resultat menys tens que el del seu company. Hi ha intercalat bromes i ha acabat amb el to entre cínic i humorístic que la caracteritza:

—...i si segueixo progressant així, aviat la meva mare em fotrà bronca per desordenada.

Els nois i noies l'aplaudeixen, satisfets i agraïts per haver relaxat l'ambient de la reunió. Però tots tenen un tremolor dins del pit perquè saben que poden ser el següent.

—M.? —convida l'Elvira.

La noia té una mirada fosca i un posat esquerp. És nova, es va incorporar al grup el mes passat i en la primera sessió només va escoltar i callar. És, doncs, la seva estrena.

—De fet... jo em penso que me n'aniré. No hi faig res, aquí.

El clima de la sala torna a tensar-se com el cable del funambulista. El to és clarament agressiu i, òbviament, troba la reacció que buscava. Un noi de veu rogallosa, assegut a la dreta de l'Elvira, respon.

—Hi fas el mateix que els altres, no et fot!

—Jo no tinc res a veure amb aquest tarat que no para de rentar-se les mans ni amb aquesta histèrica que ordena els jerseis vint-i-cinc vegades cada dia.

Plac!, el cable s'ha trencat. Un instant de silenci carregat i l'esclat de retrets, menyspreus, insults i gestos obscens ja és aquí. L'Elvira demana pau, alça les mans, alça la veu, s'alça ella i es posa dempeus enmig de la rotllana. La noia que se'n volia anar ha passat de l'agressivitat al plor sense cap transició. Els altres la miren alarmats, sense gosar atacar-la ni consolar-la, guardant una distància que no és respectuosa, és d'una fredor sobrehumana. L'Elvira veu la noia com si estigués envoltada d'una fossa insalvable. La compadeix amb tot el seu cor. Es pensa que no té res a veure amb els altres i s'equivoca, però ella encara ha de començar, encara ha de saltar la fossa. Encara no es pot comunicar, ni tan sols es reconeix ella mateixa. O sí que es reconeix, però no es vol admetre.

—Tranquil·la M., ja parlaràs amb nosaltres la setmana que ve. Si vols marxar, fes-ho, però ens agradaria molt que et quedessis.

I es queda. Encongida a la cadira, amb els ulls plens de llàgrimes, sufocada, però es queda.

I comença a parlar en J., primer insegur, després amb més confiança. Ha passat un mes francament bo. Cap atzagaiada, cap descontrol, cap contacte amb el joc. Considera que ha millorat la relació amb els seus pares. Ells han cedit una mica la pressió, estan més tranquils. Ell els ha tractat amb més consideració. No vol caure en l'error de la confiança excessiva, però la veritat és que està content. Parlar amb els amics del seu problema va ser un pas endavant, n'està convençut. Aquestes últimes setmanes no han organitzat cap timba. O potser no l'hi han convidat. Segurament deu ser això. No li importa, és millor així. Els companys l'aplaudeixen.

I després escolten en B., que després de l'última sessió va passar dues setmanes tranquil·les, francament bones, però un bon dia, després d'encreuar una mirada amb un noi a l'autobús, va tenir una recaiguda forta. Van començar els pensament obsessius respecte a la seva orientació sexual i, després del calvari, van aparèixer els rituals complicadíssims per frenar els pensaments obsessius. El seu discurs és angoixant, el to de veu transmet ofec i fatiga, però el noi aconsegueix arribar al final i, aclaparat, deixa anar un sospir d'alliberament quan acaba. Ha quedat clar que es troba immers en una crisi, que ha fet un esforç sobrehumà per acudir avui a la reunió, i per parlar. Sap que li convé, i només per això tots saben que se'n sortirà. Rep l'aplaudiment i les paraules d'ànim de tota la rotllana.

—Nois, ja n'hi ha prou per avui. Se'ns ha fet tard. Ens veiem a començament del mes que ve, d'acord? Us enviaré un sms confirmant dia i hora.

Petons, abraçades, somriures, agraïments. L'Elvira els acomiada un per un i sap que tots surten de la sala millor de com han entrat. La comunicació ajuda. Compartir ajuda. Enfrontar-te a tu mateix ajuda.

Quan es queda sola recull les cadires i les arramba a la paret. Tanca la finestra. Agafa la bossa i la jaqueta i apaga el llum. Tanca la porta amb clau i, un cop al replà, pitja el botó de l'ascensor. Sí que tarda. Es pregunta si s'ha recordat de tancar la finestra de la sala, que han obert a mitja sessió. Sí, ella diria que sí que ho ha fet. No? L'ha tancada? I el llum? Ha apagat el llum? Branda el cap com si volgués espolsar-se els pensaments. Escampar els borinots i el seu zum-zum persistent. Arriba l'ascensor. Obre la porta, entra i pitja el botó de la planta baixa. Uns segons sense respirar i arrenca. Deixa anar l'aire, mou el coll per relaxar la musculatura i, finalment, somriu.

Com escriure sobre la pròpia malaltia mental sense plorar com una magdalena

Matthew Tree

Ras i curt: cap als catorze anys vaig començar a sentir-me assetjat per una sèrie de pors imaginàries tan improbables com (per a mi) reals. Sent els meus coneixements de la psiquiatria del tot inexistents, jo creia que era l'única persona del món que tenia aquestes pors i per això no en vaig parlar fins que —uns sis anys després— una crisi nerviosa en tota regla m'hi va obligar. A partir d'aquí vaig ingressar en un hospital psiquiàtric públic on feien sessions de psicoteràpia en grup (vuit hores al dia, durant dues o tres setmanes) i on també em receptaven clorimipramina (un calmant bastant fort, vaig descobrir després —no pas sense un bri d'orgull sense fonament, atès que habitualment es fa servir per tranquil·litzar les persones que hagin pres sobredosis d'àcid lisèrgic); més endavant, els de l'hospital em van canviar la clorimipramina per lorazepam, un ansiolític que encara prenc, uns trenta anys després. Es veu que la meva insistència a amagar l'existència del trastorn al llarg de l'adolescència, el va convertir en poc menys que crònica. La malaltia en qüestió, per cert, abans es deia una neurosi obsessiva i ara —la paraula «neurosi» havent-se tornat psiquiàtricament incorrecta amb el pas dels anys— es coneix com a trastorn obsessiu-compulsiu.

Ara bé, la veritat és que —malgrat alguna recaiguda ocasional— fa molts anys que no he permès que aquestes pors m'afectin massa, per no dir gens. Sé des de fa molt de temps que són producte del propi cervell i, per tant, que em toca a mi i a ningú més controlar-les. Són, per dir-ho així, cosa meva.

L'any 2002, vaig començar a escriure un breu text autobiogràfic que més endavant es va publicar amb el títol *Memòries*. Com tots els textos, el vaig escriure perquè s'havia d'escriure en aquell moment i en cap altre —aquestes coses no s'escullen—, però no per això va deixar de plantejar una sèrie de problemes: per exemple, com parlar d'un episodi tan present en la meva vida com el trastorn obsessiu-compulsiu sense caure ni en l'autocompassió ensucrada ni en falsos dramatismes?

Vaig decidir introduir el tema de la malaltia a poc a poc, en un text adreçat a una amiga imaginària, l'Addie. Aquí teniu les primeres referències a la malaltia:

Addie, com han passat els anys des de l'última vegada que vaig veure la teva cara, que devia tenir vint i escaig anys llavors (a mitjan anys setanta); la teva cara un pèl grassa i mullada en aquell carrer gris-negre de Londres, prop de l'abadia, massa prop de l'abadia, encara es podia olorar el tuf de sotanes des d'allà, malgrat el vent i el plugim, un tuf claustrofòbic, com si hi hagués algun capellà a la vora que ens volgués tancar en un armari seu i guardar-nos-hi per sempre més talment un parell de fures dissecades; en aquella època, només calia que veiés la teva cara per oblidar tots els problemes que m'assetjaven, com ara les pors, irracionals, que no deixaven el cervell en pau i això que no volia sinó una mica de pau, el meu cervell, una pau que vaig intentar crear tot amagant ampolles de ginebra al calaix del meu escriptori a casa i bevent-ne un bon glop abans de marxar cap a l'escola als matins; aquells eren els dies, anant cap a l'escola amb el cervell calmat per l'alcohol per asseure'm a les aules grogues esperant amb ànsia el moment en què el mam deixaria de fer efecte. Saps de quines pors es tracten, no cal que te n'expliqui res més, que la naturalesa precisa d'aquestes pors quedi entre tu i el petit reguitzell de psiquiatres i psicòlegs que em van començar a entrevistar d'ençà d'aquell dia –anys després– que les pors en qüestió ja no es podien contenir més i es van materialitzar a l'espai circumdant, formant figures negres que em volien escanyar, que m'escanyaven, què carai, que em deixaven just amb prou alè per informar els meus progenitors que volia veure un psiquiatre, el primer del reguitzell esmentat.

Més endavant en el llibre, intentava mantenir el tema de les pors viu, sense rebolcar-m'hi gaire, amb alguna referència breu, així:

L'adolescència, Addie, t'estic escrivint sobre la meva adolescència que no era sinó uns anys de desemparança, mai més no m'he sentit tan esporuguit, era com si cada dos per tres un home invisible em digués UH! Despertar cada dia era caure dins un pou sense fons després d'haver-me rebolcat als prats ufanosos dels somnis. Cada dos per tres les pors em mantenien a l'aguait, aquestes pors estrafolàries i fastigoses que m'avergonyien tant que no volia explicar-les a ningú; tot i això, mai no se'm va acudir que es tractava d'una diguem-ne condició. La solitud del malalt mental que no sap que ho és, és una solitud totalment privada, interioritzada, inconfessable, que la resta del món, per descomptat, ni sospita que existeixi.

No és fins a una vintena de pàgines després que es torna de debò al tema i aquesta vegada sí que es posa tota la carn a la graella. El context: tinc vint anys, m'he casat, he anat a la universitat, visito Catalunya per primera vegada amb la meva dona, de qui em separo poc després, que és quan tinc la primera crisi nerviosa: la més fulminant.

Poc abans d'anar a la universitat, jo i la meva dona catalana ens havíem trobat a Florència; jo vivia als afores, a casa d'una família nord-americana al fill de la qual donava classes de literatura, i vaig baixar a la ciutat, descalç, per veure la meva dona, i descalç anava amb ella pels carrers sutjosos de Florència, provant de protegir-me de les pors amb *chianti* i cervesa, incapaç d'explicar fins i tot a ella en què consistien aquestes pors, allà a les places gris-blaves, allà en aquell paradís de pedra, i era allà, mentre embrutàvem el llit de la pensió de sang menstrual, dolça sang menstrual, mentre esmorzàvem en petits bars barats, mentre escoltàvem els comentaris lleugers com roba d'estiu dels turistes, sabia que si aquí a Florència, acotxat per les excrescències multicolors del Renaixement, era incapaç de passar-m'ho bé, si les pors m'atacaven amb tanta insistència fins i tot aquí, enmig de l'or i la turquesa, doncs sabia que no hi havia res a fer: les pors s'havien infiltrades ben infiltrades dins el meu cap, s'hi havien arraulit com cucs satisfets, em rosegaven el cervell, i extreure'ls seria tan impossible com buidar un pot de mel amb els dits. Deu ser per això que un dia al Ponte Vecchio mentre caminàvem flanquejats per unes banderes pseudomedievals vaig començar a riure desmesuradament, fins que gairebé no em quedava veu per riure, fins que estava mig doblegat enmig del pont, fins que tot Florència es girava al voltant de la meva gola que persistia a emetre més rialles, crit rere crit, els peus bruts plantats a terra, el cel matinal blanc amb estries de gris clar i la meva vida que surava al meu costat i em mirava amb els braços encreuats *i ara! poc que anirem pas bé...*

Després, durant els anys universitaris, jo i les pors vam continuar junts, com cul i merda, m'impedien llegir, de vegades m'impedien menjar. Al cap d'un temps, quan ja estava sota tractament, vaig descobrir algunes de les altres variants de pors obsessives, les més corrents, com ara la por de cridar obscenitats en llocs públics o bé d'apunyalar l'estimada sense més ni més. Però les meves, insisteixo, eren excepcionalment desagradables, ja ho saps, molt més desagradables que aquests casos, força coneguts, que et dic; de fet, no voldria que ningú més arribés a tenir les meves pors, ni tan sols un crític literari.

Bé doncs, alliberat per fi de la presó de l'ensenyament, calia veure què faria. Com que havia anat a la universitat a la qual havia anat, s'esperaven grans coses de mi, i per complaure tothom, una vegada més, fins i tot em vaig inventar una possible carrera acadèmica a Trinitat i Tobago i em vaig posar a llegir literatura caribenya amb una certa urgència tot i que no creia ni per un moment que faria res de bo a Trinitat i Tobago, ni a cap altre lloc del Carib, i és clar que no hi vaig anar, al contrari, vaig anar a Catalunya, de visita, per conèixer la família de la meva dona, cap allà el mil nou-cents setanta-vuit, quan tenia vint anys; m'hi vaig quedar sis mesos i vaig començar a aprendre català; tot i que no en parlaré gaire, d'aquesta visita, cal dir que només veure, per primera vegada, la plana groga i els turons de color de fenc assecat, només en seguir la carretera que duia al poble i olorar l'olor de terra femada i de pinso estofat, la paraula OPORTUNITAT es va dibuixar amb lletres fràgils, de núvol mig dissipat, a l'aire indiferent de la plana: sabia que se m'havia brindat una oportunitat, una gran oportunitat, l'oportunitat de conèixer alguna cosa nova diferent, fora de mi, que no provenia, sobretot que no provenia de les meves experiències escolars o universitàries, una cosa *real,* dit d'una altra manera, un fenomen que tremolava com un pit exposat que espera una carícia i jo volia acariciar tot el que veia i olorava, tot el país amb la meva mà inadequada, jo volia descobrir què hi havia sota el terra i més enllà dels turons, què hi havia a l'horitzó de joguina de la plana i quines coses me n'explicaria, de tot plegat, la gent que m'acompanyava, però abans que pogués fer res calia que em desempallegués de les pors i vet aquí el problema: durant aquella visita de sis mesos a Catalunya, s'empitjoraven, es transformaven en variants cada vegada més relliscoses i díficils d'apagar, de manera que jo acabava farcit de codeïna, bevent Voll Damms a cor què vols i ni així se n'anaven, les pors, si les foragitaven, em punxaven l'estómac amb agulles de fer mitja de manera que la meva dona em va portar a un *curandero* de Manresa, un home baix amb ulls axinats darrere els quals hi havia una espurna genial i ell em va curar de les agulles de fer mitja però no pas de les pors en si.

Ens vam separar, jo –ja tenia vint-i-un anys– i la meva dona, durant una temporada (ella es va quedar a Catalunya i jo vaig tornar a Londres) i aquesta temporada la vaig passar a casa dels pares i va ser a casa dels pares que, com he dit, les pors es van materialitzar formant figures fosques que m'escanyaven, vinga sortir unes figures com monjos sense cares que es dedicaven a ofegar-me, fins que em vaig adonar que si em quedava allà estirat com un lluç ofert als clients, aquelles figures m'escanyarien de debò; em vaig aixecar d'un bot i vaig avisar els pares *necessito un psiquiatre*; em va costar articular aquestes paraules, fins i tot després de vuit anys de pors i el fet és que a ningú li agrada acceptar el fet que necessita un metge del cap, i el dia següent va venir, un home alt i prim, va dir als pares que marxessin del menjador i a porta tancada li vaig explicar les pors, amb tots els ets i uts, i aquest psiquiatre era tartamut, va obrir la boca i va dir *m-m-molta gent ha t-t-tingut el que t-t-tens, Ma-ma-ma-matthew.* Es tractava, em va dir, d'una cosa que es deia una neurosi obsessiva; fins i tot té un nom!, vaig pensar, jo aquí callat durant tots aquests anys pensant que era l'única persona del món que tenia els símptomes que tenia, i la cosa té un nom, és oficial, porta etiqueta, té pedigrí, Freud n'està al corrent; fumava Ducados rere Ducados –n'havia portat uns quants cartons des de Catalunya– mentre el psiquiatre em deia que l'endemà mateix jo havia de començar unes sessions de psicoteràpia en grup a una clínica local de la Seguretat Social. Em va apuntar l'adreça. Va convidar els pares a entrar al seu propi menjador i no els va explicar què tenia però els va dir que només passava a persones d'una intel·ligència excepcional, *ah sí,* li va respondre mon pare, *sempre havíem sabut que era un xicot intel·ligent* però jo hauria donat qualsevol cosa per ser francament imbècil, qualsevol cosa. D'aleshores ençà la intel·ligència sempre m'ha semblat una qualitat sobrevalorada.

Per casualitat la clínica psiquiàtrica era una casa que donava al camp d'esports que pertanyia a la meva antiga escola, on havia jugat a futbol i a criquet, on havia corregut els cent metres i no sé quines curses més i havia fet veure que competia amb els companys destinats a nedar en l'abundància.

A la clínica em van portar al soterrani en el qual seia una dotzena de persones que es miraven amb recel, tot intentant esbrinar quins eren els bojos de debò: hi havia, com se sol dir, de tot, des d'alcohòlics fins a suïcides persistents, des de drogoaddictes fins a depressius crònics. Jo era l'únic obsessiu. Durant tres o quatre setmanes hi anava cada dia i seia en una mena de sala d'estar mentre els altres explicaven els seus problemes: hi havia una dona que volia que tothom l'estimés una mica més, però que irritava tota la colla, incloent-hi els psicoterapeutes; un excònsol britànic a Hong Kong que ja no creia en res i només volia tallar-se els canells; un captaire que llegia novel·la rere novel·la en un intent de no beure; i jo que no obria la boca i quan ho feia sempre deia alguna cosa que avui en dia encara em fa estremir de vergonya, de tan falsa que devia sonar. Els psicoterapeutes anaven per feina: em deien el senyor no-ningú, em feien escriure coses i després em deien que si hagués posat una mica de merda pròpia al paper hauria valgut més la pena; és a dir, em burxaven i em burxaven i cada vespre tornava cap a casa i a casa m'arraulia en un racó de la meva habitació; no em sentia millor, més aviat em sentia bastant pitjor, m'arraulia en l'habitació amb els llums apagats i gemegava com un gos que acaba de perdre el seu amo mentre els pares o la meva dona —que havia vingut feia poc des de Barcelona— provaven d'ajudar-me. O de moure'm, com a mínim. Se m'havia esfumat la personalitat, si és que en tenia, de personalitat, a mi em semblava més aviat que no, em semblava que, senzillament, no hi havia res, cap motor al cervell, res que bramava *sóc jo!*, res de res de res, hi havia cotó fluix brut en comptes d'una ment, hi havia una blancor tova, fins i tot allà a les fosques, allà al racó, oh, quin nen que devia semblar, la boca obrint-se i tancant-se com una porta en un corrent d'aire, oh quin nen!

A la clínica, al cap de quatre setmanes em van donar de baixa. A la vegada, jo i la meva dona vam llogar una habitació prou gran per poder tancar la porta sense haver de moure el llit, una habitació minúscula a Kilburn, el barri irlandès de Londres, ple de pubs on no et servien si tenies accent anglès, i allà la relació entre jo i la meva dona es va esquerdar, es va esquerdar amb la netedat d'un crit de frustració que ella va deixar anar un dia assolellat, va obrir la finestra de guillotina i va xisclar cap als petits patis, cap a les fileres de cases, els coloms van deixar de parrupejar i jo no sabia què fer, no en tenia ni idea.

Mentrestant, havia començat a plorar al carrer i al metro, a qualsevol lloc, una vergonya: unes llàgrimes com gotes d'oli d'oliva em queien per la cara fins que vaig haver de trucar als de la clínica i demanar que em tornessin a acceptar entre les seves files un cop més. Aquesta vegada, al cap d'unes setmanes de tractament, les coses van anar millor; si més no vaig entendre per fi que les pors no eren uns virus que zigzaguejaven per l'aire fins a entrar per les orelles de la primera persona que tenia la paraula «víctima» escrita al front, sinó que les produïa jo sol, les produïa per no haver de pensar en la vida que tenia davant dels nassos, eren la meva cortina de fum i treta aquesta cortina de fum, amb penes i treballs, em vaig enamorar de la psicoterapeuta a l'acte però aquesta no volia ni tan sols prendre una copa amb mi. Em va aconsellar, això sí, que —ara que m'havien donat de baixa de la clínica per segona vegada— busqués una feina com més aviat millor. No vaig trigar a trobar-ne una, en una companyia d'autocars. Pel que fa a la meva dona, n'havia tingut prou de moment i havia tornat cap a Catalunya —via un poble provençal— després d'haver passat unes setmanes a casa d'uns amics a Londres, i realment era l'única cosa que podia fer. Així, es va encetar el procés definitiu de separació.

Mentrestant, jo m'estava identificant amb els tocats del món, era el soci número cent mil tres del club, totes les persones que havia conegut a la clínica, rics i pobres, violents i pacífics, bruts i rentats, tots teníem alguna cosa extra al cap, no sabria si dir-ne intel·ligència o no, que en comptes d'ajudar-nos ens havia fet la traveta, ens havia fet tristos o bevedors o obsessius, per exemple, però no deixava de ser una cosa extra, alguna cosa que els altres no tenien o no sabien que tenien, i per primera vegada en la meva vida tenia la sensació que formava part d'una comunitat real, la dels tocats del bolet del món amb els quals m'unia un lligam innegable, el de la pròpia feblesa mental mentre caminava cap a la meva nova feina, esperant que tindria prou coratge per passar per la porta, caminava pels carrers de Londres cap a les oficines de la companyia d'autobusos National Express, tots els edificis del camí s'havien tornat grocs, al meu cap ressonava la cançó homònima de la pel·lícula *Oh, Lucky Man!* de Lindsay Anderson, que va d'un jove a punt de començar la seva vida laboral, *oh, home afortunat!*

Havent explicat tot això al llibre no em refereixo més a la malaltia a menys que sigui com un record llunyà, quan —anys després— ja visc a Catalunya, sol i solter.

De tant en tant, al tren del Maresme, de tornada a Barcelona, jo em recordava —estimulat, segurament, per les anècdotes que havíem intercanviat poc abans—

de les meves sessions ploraneres, aquelles a les quals, com ja he dit, solia ser propens, durant molts anys, causades com eren per atacs aguts d'una autocompassió basada en les meves experiències com un diguem-ne malalt mental; unes sessions en les quals la cara se m'arrugava i els ulls se m'axinaven i les llàgrimes sortien, plaf! alehop!; eren com unes sessions jam de jazz, aquestes sessions ploraneres; sentia com una mà gegant m'agafava el clatell i llavors em sentia com em pujava per la gola una bola de llum enganxosa que no arribava a la boca i de cop i volta hi havia una bateria que feia una cosa i una trompeta que en feia una altra i uns teclats que no deixaven de sonar i un baix que marcava un ritme implacable; tots els instruments feien el que els donava la gana mentre les llàgrimes rodolaven directament des dels ulls cap a terra ja que solia inclinar-me cap endavant quan tenia aquests atacs i sabia en aquells moments que hi havia alguna cosa que havia de dir, que era urgent comunicar a la màxima quantitat de gent possible, però les paraules no venien, s'havien afanyat a amagar-se com escarabats quan s'obre el llum, i per tant era impossible comunicar aquesta cosa; jo restava mut, doncs, però convençut que tard o d'hora diria tot el que s'havia de dir; plorava segur que el món esperava el meu missatge. En poques paraules, em semblava que havia vist la veritat, una veritat, a través de les cortines de sal i aigua. Era durant aquestes sessions ploraneres que recordava, sobretot, l'època escolar i universitària durant la qual les meves pors em van començar a clavar els ullals com uns gossets tossuts; no hi havia manera, els donava petits cops de peu i s'hi aferraven més, als meus turmells, grunyint i lladrant com les petites bèsties salvatges que eren i mentrestant jo mirava les rengleres de cares dels companys de classe, unes cares relaxades i displicents, com les d'una renglera de jutges, i esperava que aquests companys mai no s'adonarien del batibull que tenia lloc sota el meu pupitre dia sí i dia també: dels quissos plens d'una energia inexplicable, que em mossegaven, que pixaven contra les meves cames, que corrien en cercles al meu entorn mentre jo suava i els deia, telepàticament, quiets quiets.

A l'epíleg del llibre hi ha una mena de nota força prosaica sobre el trastorn, i amb això acabem:

La funció de qualsevol tractament psiquiàtric és fer que el pacient torni a adaptar-se a la vida normal. Això pressuposa, u, que la vida normal existeix i, dos, que el pacient hi havia estat adaptat anteriorment. En el cas de qui escriu, l'únic període en el qual estava adaptat a una vida que considerava normal era la infància. Com que les pors neuròtiques van començar al principi de l'adolescència, es pot dir que a partir d'aquest moment ni la vida era normal ni jo m'hi considerava adaptat. (De fet, si no t'hi sents adaptat, la vida no pot ser normal).

Em sembla un bon lloc per acabar. La veritat és que un trastorn obsessiu és —sobretot quan no hi ha cap mena de tractament— un llast personal i una font d'incomoditat social i de por generalitzada. El pitjor de tot, potser, és que els trastorns d'aquesta mena eliminen l'últim rastre d'autoconfiança que ens queda. Ara bé, no totes les conseqüències de les malalties mentals d'aquesta mena han de ser necessàriament negatives. Per exemple, va ser gràcies al tractament psiquiàtric en grup que vaig començar a conèixer un ventall excepcionalment ampli de gent que mai no hauria conegut altrament. Va ser gràcies a l'experiència d'estar considerat o catalogat durant un temps com a «malalt mental» que vaig començar a enfocar la vida sencera —i la gent que l'omplia— d'una manera completament diferent. Va ser gràcies a l'anomenat trastorn que vaig començar a no donar absolutament res per descomptat i que vaig començar a entendre com pot ser d'aleatòria la vida i com tantes i tantes persones són trastornats en potència (si ja no són trastornats en tota regla i no em refereixo només als que han estat identificats oficialment com a trastornats, ni molt menys). Tot i que, com he dit, els trastorns obsessius-compulsius són desagradables fins al punt que no voldria ni que un crític literari en patís, hi ha una part de mi que agraeix al propi cervell per haver-me fet aquesta mala passada, aquesta gran putada, perquè si no ho hagués fet a hores d'ara tindria els ulls mig aclucats, no hi veuria de la manera que hi veig ara. Ras i curt: si mai no es dóna res per descomptat —i els que hem passat pel xoc revulsiu que significa haver vist el món girat cap per avall en un tres i no res a causa d'un truc cerebral mai no donem res per descomptat, fins i tot anys després d'haver aconseguit una estabilitat mental a prova de bomba— la vida es torna ineludiblement imprevisible i per tant electritzant, fins al final.

El llibre de la Marató, publicat el 2008, s'ha fet amb
la col·laboració desinteressada d'autors, editors i industrials,
i els guanys que generi s'afegiran a la recaptació
per finançar la investigació científica
de les malalties mentals greus que s'aconsegueixi
en La Marató de TV3 d'enguany.